Peter Paul Kasp

Zärtlichkeit und Trost

Leidensfähigkeit – Liebesfähigkeit

Herder

Wien · Freiburg · Basel

Dem Andenken meines Vaters
Jaro Kaspar,
katholischer Publizist
Wien 1906–1979,
gewidmet

Filmsatz und Offsetdruck: Ferdinand Berger & Söhne
Gesellschaft m.b.H., 3580 Horn
Umschlagfoto: Eckhard Hennig/Kinkelin
Bestellnummer ISBN 3-210-24708-0

Inhalt

Liebe Leserin – lieber Leser 8

Von der Unfähigkeit, Leid zu tragen ... 15
Von der Unfähigkeit, im Leid zu trösten 21
Von der Unfähigkeit, Leid zu deuten ... 27

Woran wir leiden 33

Zärtlichkeit und Trost 39
Trost und Treue 44
Lieben und Leiden 50

Gott und das Leid 56

Leid und Entfremdung 62
Vom Leiden an der Trennungsangst 65
Vom Leiden an der Sinnlosigkeit 69
Vom Leiden an der Sprachlosigkeit 72
Vom Leiden an der Knechtschaft 76
Vom Leiden an der Geschlechterrolle .. 79
Vom Leiden an der Heimatlosigkeit 82

Zärtlichkeit und Zorn 86
Vom Lächeln der Weinenden 90

Literaturhinweise 95

„Selig, die Leid tragen (nicht bloß ertragen) – sie sollen getröstet werden (nicht bloß vertröstet)."

(Mt 5,4)

„Auch der Zorn über das Unrecht
macht die Stimme heiser. Ach, wir
die wir den Boden bereiten wollten für Freundlichkeit
konnten selber nicht freundlich sein."

(B. Brecht)

„Lieben heißt immer schon verletzlich sein. Liebe irgend etwas, und dein Herz wird gewiß gequält und möglicherweise gebrochen. Willst du dein Herz ganz zuverlässig unversehrt bewahren, darfst du es nie verschenken, nicht einmal einem Tier. Umgib es sorgfältig mit Steckenpferden und kleinen Gewohnheiten; meide alle Verwicklungen, verschließe es sicher in den Sarg seiner Selbstsucht. Aber in diesem Sarg – gesichert, reglos, ohne Luft – verändert es sich. Du hast nur die Wahl zwischen Tragik – oder wenigstens dem Wagnis einer Tragödie – und Verdammung. Der einzige Ort außerhalb des Himmels, wo du vor allen Gefahren und Trübungen der Liebe vollkommen sicher sein kannst, ist die Hölle."

(C. S. Lewis)

„Wer nicht leidet, an dem hat das Leben seine Arbeit unterbrochen. Es hat eine Pause gemacht im Gebären."

(P. Claudel)

„Alles, was der gute Mensch um Gottes willen leidet, das leidet er in Gott, und Gott ist mit ihm leidend in seinem Leiden. Ist mein Leiden in Gott und leidet Gott mit, wie kann mir dann das Leiden ein Leid sein, wenn das Leiden das Leid verliert und mein Leid in Gott und mein Leid Gott ist?"

(M. Eckehart)

„Und Gott wird alle Tränen trocknen, kein Tod wird mehr sein, kein Leid, noch Trauer, noch Klage."

(Offb 21,4)

Liebe Leserin – lieber Leser!

Während ich mit diesem Manuskript beginne, denke ich über jene Menschen nach, die irgendwann einmal diese Zeilen lesen werden. Ich meine damit nicht so sehr die professionellen Leser wie den Verlagslektor, die Setzer, die Korrektoren und die Rezensenten – deren Beruf ist es, Bücher herzustellen oder zu beurteilen, Fehler zu suchen (um sie noch vor dem Druck zu verhindern oder nachher zu bemängeln), also irgendwie „von Büchern zu leben“. Ich denke jetzt also weniger an jene, die wie auch ich materiell von Büchern leben, sondern an die anderen, die innerlich von einem Buch leben wollen. Also an Sie, die Sie ein Buch kaufen, in der Hoffnung, darin etwas zu finden, was Ihr Leben vielleicht schöner, leichter, tiefer macht. Und ich gestehe Ihnen, daß es mir immer wieder Sorge bereitet, zu wissen, daß Menschen mit einem gewissen Vertrauensvorschuß nach einem meiner Bücher greifen könnten – um letztlich doch enttäuscht zu sein. Ent-täuscht, weil sie zuvor durch einen Buchtitel, die Aufmachung oder eine Empfehlung getäuscht wurden. Getäuscht in der Erwartung eines

Inhalts, die dann das Buch selbst nicht erfüllen konnte.

Bei einem Buch, auf dessen Umschlag Worte wie „Trost“, „Leiden“ und „Zärtlichkeit“ zu finden sind, stelle ich mir als mögliche Leser Menschen vor, die darüber nachdenken wollen, wie sie mit den Schattenseiten des Lebens umgehen können. Vielleicht sind Sie – liebe Leserin oder lieber Leser – ein Mensch, der an einem Leid trägt, etwa einer Krankheit, der eine Traurigkeit durchmacht oder einem Menschen nachtrauert, vielleicht kehrt eine Niedergeschlagenheit immer wieder, vielleicht bedrückt Sie ein häufiges Gefühl der Sinnlosigkeit. Es ist aber auch möglich, daß Sie nach diesem Büchlein greifen, um nachzudenken, wie Sie einen Menschen trösten können, wie Sie Leid mildern oder gar aufheben können. Möglicherweise bedrückt Sie überhaupt das Maß an Leiden in unserer Welt. Und so fragen Sie nach dem Sinn des Ganzen. (Und vielleicht auch nach jenem Gott, der angeblich so allmächtig ist, ohne all das verhindern zu können.)

Natürlich treffen diese Dinge auch auf mich selbst zu. Denn auch mich machen gelegentlich Ereignisse oder Menschen traurig, manchmal wünsche ich, jemanden trösten zu können – und allzu oft frage auch ich mich nach dem Sinn des Ganzen. Wo wir doch so ungern leiden, so schlecht trösten und so selten einen Sinn finden können.

Lassen Sie mich deshalb zuerst einmal erzählen, wie ich dazu gekommen bin, dieses Büchlein zu schreiben: Vor etwa fünfzehn Jahren, knapp nach meinem Studienabschluß, hatte ich regelmäßig in einem Krankenhaus Besuche zu machen. Einen davon werde ich wohl nie wieder vergessen. Die Schwestern wiesen mich auf einen jungen Mann hin, der an Krebs im letzten Stadium litt. Es könne sich höchstens noch um Tage handeln, wurde mir gesagt. Der Patient war schon vom Tod gezeichnet, eine fast grünliche Pergamenthaut spannte sich über ein abgemagertes Gesicht, ein Auge hatte die Augenhöhle verlassen und lag in einer mit Leukoplast befestigten Plexiglaskuppe. Der sonst an Krankenbetten übliche Plauderton verbat sich mir von selbst. Ich grüßte und setzte mich ans Krankenbett. Meine sonstige Unbefangenheit war fort. Mir fielen wie in einer höhnischen Litanei all die so oft gehörten und gelesenen Trostsprüche ein, angefangen von den oberflächlichen Vertröstungen auf baldige Besserung bis zu den religiösen Ratschlägen, sein Leid Gott aufzuopfern und so ... Ich fand keinen Satz, der in dieser Situation nicht auch einer Verspottung gleichgekommen wäre. Was kann denn ein gesunder junger Mensch in einer solchen Lage sagen, ohne zum leichtfertigen Sprüchemacher zu werden? Ich weiß nicht, wie lange ich an meinem Schweigen gewürgt habe, bis mir ein früher gehörter Ratschlag einfiel, in solchen Situationen ganz einfach ein Gebet zu sprechen. Als der Kranke auf meine Einladung mein Vaterunser mitsprach, war ich ein wenig erleichtert. (Er auch?) Die Bedrückung, mit der ich das Krankenzimmer verließ, hat sich bis heute nicht restlos gelegt. Seither frage ich mich: Gibt es einen Trost?

Jahre später, als ich selbst schon einige Bücher geschrieben hatte, fragte mich Maria, eine Sozialarbeiterin, ob ich ihr ein Buch empfehlen könnte, das man einem sehr traurigen oder leidenden Menschen schenken könne. Ein „Trostbüchlein“ sozusagen. Ich konnte kein Buch nennen, wenn man von so allgemeinen Empfehlungen wie Bildbänden oder der Bibel absieht. Ich schlug dann vor, eine Platte mit schöner, ruhiger Musik auszuwählen. Seither suchte ich nach Schriften solcher Art, fand alte (etwa bei Meister Ekkehart) und neuere (so bei Simone Weil oder Dorothee Sölle). Natürlich ist mir klar: Wenn überhaupt, so können Menschen trösten – nicht Bücher.

Ein weiterer Anstoß kam, als vor drei Jahren mein Vater starb. Ich begann, mich eingehend mit unserem (und meinem) Umgang mit dem Leid zu beschäftigen. Als ich damals eine Einladung zu einer Vortragsreihe in Deutschland (Burg Rothenfels am Main) für die Karwoche 1980 erhielt, wählte ich als Thema „Leidensfähigkeit – Liebesfähigkeit", weil ich davon überzeugt war und bin, daß unsere Fähigkeit zu leiden und zu trösten mit unserer Fähigkeit zu lieben zusammenhängt. Und eben darum soll es in diesem Büchlein gehen.

Wahrscheinlich werden Sie nun – liebe Leserin, lieber Leser – deutlich merken, daß Sie mit der Lektüre dieses Büchleins ein ebenso schwieriges Unterfangen wagen wie ich beim Schreiben: Da man mit Büchern nicht trösten kann, kein „Trostbüchlein" – vielleicht aber doch eines, das auch ein wenig tröstlich ist. Kein Buch über „das Leiden an sich", das ja nur wenig oder nicht schmerzt – wohl aber eines über das, woran Sie und ich leiden. Und doch auch irgendwie ein Buch über die Liebe, weil nur sie unser Leiden über das stumpfe Vor-sich-hin-dämmern hinausheben kann.

Was Sie in diesem Buch nicht finden werden: Ein geistreiches Wegerklären des Leides, als

ob es kein sinnloses Leid gäbe. Eine Zwangsharmonisierung Gottes mit einer ringsum in Kriegsängsten, Ausbeutung und Vergiftung vor sich hinleidenden Welt.
Bei allem möchte ich versuchen, ein „zärtliches“ Buch zu schreiben. (Auch wenn der Zusammenhang erst später klar werden sollte.) „Zärtlich“ deshalb, weil ich davon überzeugt bin, daß unsere machtbesessene und waffenstarrende Welt nur eine einzige Chance hat, wenn sie überleben will: Liebe und Zärtlichkeit zu lernen.
(Wie auch in früheren Büchern lade ich Sie gerne ein, mir Ihre Erfahrungen, aber auch Kritik und Anregungen zu schreiben: über den Verlag Herder, A-1011 Wien, Postfach 248.)
Nun aber zu den ersten Überlegungen: Wie gehe ich mit Leid um? Diese Frage stellt sich in dreifacher Weise. Ich erfahre nämlich Leid an mir selbst, an den Menschen, die mir nahe sind, und allgemein als Leid in der Welt. Bei meinem eigenen Leid geht es darum, wie ich es trage, beim Leid des mir nahen Menschen möchte ich trösten, und das allgemeine Leid möchte ich gerne deuten. Diese drei Weisen mit Leid umzugehen und unsere Schwierigkeiten damit sollen Gegenstand der ersten Kapitel sein.

(Lassen Sie sich, lieber Leser, Zeit. Halten Sie vielleicht an Stellen, die Sie betroffen machen, inne. Notieren Sie sich wichtige Gedanken, in ein Tagebuch, in einem Brief, am Seitenrand, auf die Rückseite eines Fahrscheins ... Und schreiben Sie sich vielleicht ein eigenes „Trostbüchlein".)
Ich werde meinerseits versuchen, einen fachwissenschaftlichen Jargon zu vermeiden, notwendige Fachausdrücke im Text oder in einer Klammer zu erklären – und mir bei all dem immer wieder Sie, liebe Leser, vorzustellen. Obwohl ich von Ihnen kaum etwas weiß, außer daß Sie mit mir über Leiden, Trost und Zärtlichkeit nachdenken wollen.

Von der Unfähigkeit, Leid zu tragen

Die meisten Menschen können sprechen – trotzdem sind manche davon kaum in der Lage, sich wirklich gut zu verständigen. Die meisten Menschen können sehen – obwohl viele es verlernt haben, richtig zu schauen. Wir alle haben Gefühle – doch nur wenige können bewußt und befriedigend damit umgehen. Alle Menschen müssen irgendwann und immer wieder leiden – dennoch können nur wenige mit ihrem Leid auch umgehen. Um es paradox zu sagen: Wir müssen zwar leiden – aber wir können es nicht.
Wenn es im Folgenden um die Leiden der Menschen geht, muß mit dem ersten Leid begonnen werden: mit seiner Unfähigkeit zu leiden.
Unsere Kultur ist geprägt durch ein Nicht-wahr-haben-Wollen des Leidens: Tatsächlich können wir uns über mancherlei Leid hinwegsetzen. Wir kennen schmerzstillende Medikamente, die Medizin und die Psychotherapie wissen vielerlei Mittel, um alltägliches Leid wie Depressionen, Einsamkeitsgefühle, Schlaflosigkeit, Trauer oder auch nur Kopfschmerzen zu lindern. Und das ist gut so.

Weniger gut ist es, wenn sich in vielen Menschen die Meinung verfestigt, man könne und solle jedes Leid sofort und ohne viel Nachdenken beseitigen. Dadurch entsteht einerseits der Wahn, gegen Leid und Schmerz allmächtig zu sein. Andrerseits bemerken wir kaum mehr, daß uns so mancher Schmerz auch auf etwas hinweist. Und statt die Ursachen von Schlaflosigkeit oder Kopfschmerz anzugehen, beseitigen wir auf schnellem Weg bloß das Symptom. Die krankmachende Ursache bleibt – also bleiben auch wir selbst krank. Der Medikamentenmißbrauch wurde geradezu eine Volkskrankheit.
Ähnlich verhält es sich mit Leiden im seelischen Bereich – wobei die Trennung eine künstliche ist, da es sich ja bekannterweise um Wechselwirkungen handelt: Aus der Einsamkeit fliehen viele Menschen in eine gewisse „Sozialhektik". Sie stürzen sich in kurzlebige Vergnügungen, in seichte Geselligkeiten, in hektischen Zeitvertreib – ohne zu merken, daß sie dabei nur noch einsamer werden. Die Trauer nach dem Weggehen oder dem Tod eines geliebten Menschen wird nicht mehr als notwendige „Trauerarbeit" geleistet, sondern schnell und geschäftig als Kurzritual absolviert, um sich möglichst bald in krampfhafter Suche nach neuen Partnern

oder vorübergehenden Ersatzpartnern abzulenken. Dabei ist wohl jedermann einsichtig, daß nach einer schönen und wertvollen Bindung die Trennung mühsam und schmerzhaft sein muß – und sein soll.

Im Bereich der Schuld – sie ist sozusagen „moralisches Leid“ – ist es ähnlich: Statt dieses Leid über das in uns und durch uns wirksame Böse bewußt zu tragen und so Schuld zu bewältigen, begnügen sich viele Zeitgenossen mit dem so modischen „Wegpsychologisieren“ der Schuld. Aber eine Schuld, von der man sich durch Weg-erklären freispricht, hat man verdrängt und nicht bewältigt.

Vielleicht am auffallendsten ist unsere Leidensverweigerung im Bereich der Medizin: Der Erfolg im Kampf gegen so viele Krankheiten und die dadurch erzielte Verlängerung des Lebens nährt in vielen Menschen einen medizinischen Mythos. Etwa den Mythos vom „Gott im weißen Mantel“, als ob etwa der Arzt Herr über Leben und Tod wäre. Oder den Mythos von der „medizinischen Allmacht“, als ob die Medizin tatsächlich alles heilen und wenigstens in ferner Zukunft den Tod endgültig besiegen könne. Und besonders deutlich im „Mythos von der Todesursache“: Sie können das ruhig ausprobieren, liebe Leser; wenn vom Tod eines bekannten Menschen berichtet wird, fragen fast alle: Woran ist er gestorben? Als ob die medizinische Todesursache tatsächlich die letzte wäre. Und wenn wir keine Todesursache finden, dann wird die Leiche zerstückelt und darin herumgesucht, bis man etwas gefunden hat. Denn ohne Ursache stirbt kein Mensch. Daß wir aber letztlich nicht an medizinischen Ursachen sterben, sondern ganz einfach, weil wir sterbliche Menschen sind, wollen wir vielfach nicht wahrhaben. Die sogenannte Todesursache hat den Tod ausgelöst – vielleicht früher, als er von selbst gekommen wäre. Aber gekommen wäre der Tod auf jeden Fall. So wie auch der meine kommen wird – und Ihr Tod, liebe Leserin, lieber Leser. Und weil wir uns so ungern an den eigenen Tod erinnern lassen, ist uns die medizinische Todesursache so wichtig. Wie wir ja auch das Leiden und Sterben in weit entfernte Krankenhäuser und dort wieder die letzten Stunden in abgetrennte Räume verlegen. Wie wir ja überhaupt den Tod dem Leben entfremden, obwohl er ein Teil desselben ist.

Versuchen wir an dieser Stelle ein erstes Resümee: Die Abwehr von Leid ist prinzipiell verständlich – denn wer leidet schon gern. Die Bekämpfung des Leids ist gut – es gibt auch so genug davon. Daß wir aber jenes

Leid, um das wir ganz einfach nicht herumkommen, so sehr abwehren, macht unser Leben keineswegs leidfrei oder sonstwie schöner: Denn das vertuschte, das verdrängte oder auch das bloß stumpf ertragene Leid zerfrißt unser Leben von innen. Wir müßten lernen, das unvermeidbare Leid nicht bloß mißmutig zu „ertragen“, sondern es aktiv und bewußt zu „tragen“. Um das näher zu erklären, bringe ich einen ähnlichen Sachverhalt aus der Tiefenpsychologie.

Dort spricht man von „Trauerarbeit“ und meint damit jene seelischen Mühen und Schmerzen, unter denen ich mich von einem geliebten Menschen lösen muß. Je tiefer die Bindung war, desto leidvoller die Trauerarbeit. Und wer wirklich geliebt hat, trägt diese Trauer im Bewußtsein, daß sie den Geliebten ehrt, ja daß es ein böses Zeichen für die beendete Beziehung wäre, wenn man sich allzu schnell und leichtfertig trösten könnte. In einem physikalischen Bild: Die Energie, die ich zur Trauerarbeit aufwende, entspricht der Energie der früheren Bindung. Was stark gebunden war, wird nur mühsam gelöst. Wer das verstanden hat und danach lebt, wird aus dem Leid der Trauerarbeit nicht zerbrochen, sondern irgendwie reifer hervorgehen.

Ähnlich wie bei der Trauer, die ja auch Leid

ist, möchte ich nun von „Leidensarbeit“ sprechen – zum Unterschied von jenem stumpf „ertragenen“ Leid, das ich nur mißmutig hinnehme: Hier wird das Leid – wenn auch mühevoll und schmerzhaft – „bearbeitet“, es wird angenommen, es wird „getragen“. Wie man ja auch eine Last tragen kann, zwar nicht gerade begeistert, oftmals mühevoll, aber dennoch aktiv und mutig.
Mit der „Unfähigkeit zu trauern“ (Mitscherlich) wird auch jene Weigerung bezeichnet, die eine Schuld nicht „aufarbeiten“, sondern bloß wegschieben, vergessen, verdrängen will. Nur wer sich der Trauerarbeit über das in ihm gewachsene Böse stellt, kann Schuld bewältigen. Was die Christen unter Umkehr und Buße verstehen, ist genau das: Ich nehme die Trauer über meine Bosheit an, um ein Besserer zu werden.

Von der Unfähigkeit, im Leid zu trösten

„Trost" ist ein eigenartiges Wort, es wird nicht sehr gern verwendet, es scheint einem gewissen „Intimbereich" zuzugehören. Wer gibt sich schon gern trostbedürftig? (Männer überhaupt.) Und wer tröstet schon gern? Traurige oder gar weinende Menschen lösen vielfach innere Abwehr aus. Und bekommen so sinnlose Aufforderungen zu hören wie: Hör doch schon auf zu weinen! Oder: Nimm dich zusammen! Sie merken, liebe Leser, fremdes Leid beleidigt uns oftmals. Es beleidigt uns sogar im wörtlichen Sinn; es mutet uns Leid zu – und noch dazu fremdes. Und in einem gewissen Sinn ist es tatsächlich eine Zumutung, fremdes Leid mitzutragen, wo doch unser eigenes auch nicht allzu spärlich gesät ist. Nein danke, mit Leid bin ich hinreichend versorgt – kein Bedarf an fremdem Leid!

Mitleid haben mit jemandem, der leidet, mitleiden verlangt tatsächlich viel von uns. Ein bißchen Mitleid haben im Sinn von Mitgefühl, das geht vielleicht noch. Aber wirklich mit-leiden – geht das überhaupt? Bleiben wir zuerst bei diesem Gedanken: Was wir so all-

gemein Mitleid nennen, ist eine Gefühlsregung. Jemand tut uns leid. Das tut uns zwar kein Leid an – das bleibt schon ihm erhalten. Aber in uns regt sich ein Gefühl. Ein Gefühl der Rührung zumeist. Etwa die Vorstellung, wie schlimm das wäre, wenn solches Leid uns selbst träfe. Auf unbewußte Weise ist unser Mitleid oft nichts anderes als kaum getarntes Selbstmitleid. Daß solch flaches Mitleid nichts hilft, nicht tröstet, ist verständlich.
Das griechische Wort „Sympathie" bedeutet eigentlich „Mitleiden". (Und „Pathos" heißt „Leiden", „Leidenschaft".) Doch auch dieses Wort ist zum Gefühl verflacht. Schade – denn die Fähigkeit zum echten „Mitleiden" könnte vielleicht trösten.
Aber – gibt es ein wirkliches Mitleiden? Muß nicht ein jeder sein eigenes Leid tragen, ohne daß ihm jemand etwas davon abnehmen könnte? Was helfen einem Kranken all meine Mitleidsversuche? Können sie ihm auch nur für Minuten seine Schmerzen nehmen? Zweifellos gibt es in diesem Sinn sehr viel hilfloses Mitleiden. Doch bedenken wir eines: Ein unter körperlichen Schmerzen leidender Mensch leidet umso mehr, je weniger ihm Zuwendung, Verständnis, Vertrautheit, Anwesenheit geschenkt wird. Einen Leidenden teilnahmslos leiden zu lassen, bedeutet

daher: sein Leid vermehren. Am Leiden Anteil zu nehmen, bedeutet: einen Teil seines Leidens zu nehmen. Solche An-Teil-Nahme macht auch mich in gewisser Weise leidend – eben mit-leidend. (Im Folgenden werde ich daher für das flach-gefühlsmäßige Mitgefühl das Wort „Mitleid" und für ein tieferes und aktives Mittragen des Leids das Wort „Mitleiden" verwenden – obwohl der alltägliche Sprachgebrauch diesen Unterschied nicht kennt.)

Sie werden sich wahrscheinlich schon gedacht haben, daß ein echtes Mitleiden selten und schwierig ist. Und wenigstens für unsere Kultur dürfte das stimmen. Um das griechische Wortspiel aufzugreifen: Wir sind weitgehend zur „Sympathie" unfähig – wir leiden an starker „Apathie" (Leidensverweigerung, Leidensunfähigkeit). Und es ist auffallend, daß Menschen aus ärmeren Kulturen sowohl die eigene „Leidensarbeit" eher leisten als auch mehr zum Mitleiden fähig sind als wir. Die Sattheit führt offensichtlich zu einer Abstumpfung gegenüber eigenem und fremdem Leid (Sölle). Und so gelingt es kaum, fremdes Leid zu eigenem zu machen.

Kehren wir nun zum Ausgangspunkt zurück: Was ist eigentlich „Trost"? Die Geschichte der Sprache führt uns zum Wort „treu", aber auch zu „vertrauen". Eine noch ältere Verwandtschaft besteht zur Bedeutung „fest, stark, wie ein Baum" (sogar zum Wort „Teer"). Sprachgeschichtlich könnte man daher „trösten" mit „stärken" übersetzen. In der psychologischen Fachsprache würde es „stabilisieren" heißen. Im Bild eines Baumes, dem ich helfe, Wurzeln zu fassen, fest zu stehen, nicht umzufallen.

Was macht einen Menschen stark, feststehend, widerstandsfähig? Was gibt ihm Kraft, durchzuhalten? Sicher nicht bloße Worte. Und doch fällt vielen Menschen bei „Trost" zuerst einmal ein „gesagter Trost" ein, Trostworte. Um das beurteilen zu können, wird es sich als günstig erweisen, wenn wir darüber nachdenken, wie unbefangene Menschen (etwa eine Mutter) sprachlos (etwa ein noch nicht sprechendes Kind) trösten. Denn diese Handlungsweise ist noch wenig durch Sprechgewohnheiten und Denkmuster verdorben.

Eine Mutter wird ihr weinendes Kind in die Arme nehmen, wird es streicheln, wird ihm beruhigend zureden – wobei nicht der Wortinhalt wichtig ist, sondern Klang und Tonfall der Sprache. Um es kurz zu sagen: die Mutter wird zu ihrem Kind zärtlich sein. Und diese Zärtlichkeit ist eine „sinnliche" – sie wird über die Sinne (Tasten, Hören, Riechen, Sehen) erfahren. Erst unsere verklemmte Erwachsenenwelt hat es fertiggebracht, die Sinnlichkeit anrüchig zu machen – weshalb wir unsere Tröstungen sprachlich abwickeln wollen.

Gesprochener Trost wiegt nicht nach dem Inhalt, sondern nach der Anteilnahme, die aus ihm heraus spricht. Deshalb kann ungeschickt gesagter Trost ehrlich wirken und gescheit formulierter Trost trostlos bleiben. Was tröstet, ist nicht der Text, sondern der Mensch. (Weshalb es auch kein Trostbuch gibt – außer es schreibt ein Liebender der Geliebten, etwa als Brief.)

Vieles, was so an Trost gesagt wird, ist billiger Trost. Vieles bleibt im Sprachritual stekken, in Beileidsformeln. (Was, bitte, ist Bei-Leid? Etwa das Mitleid, das uns in einem Anfall von Ehrlichkeit im Hals stecken blieb?) Das gilt auch für soviel beamteten Trost. Jeder Priester, der bei einem Begräbnis durch die kirchlichen Trostformeln hindurch persönlich trösten will, spürt das schmerzlich. Trost ist letztlich nicht sagbar. Manchmal wäre Schweigen ehrlicher und besser.

Viele Menschen verwechseln trösten mit „vertrösten“. Wie man zu einem weinenden

Kind sagt: Bis zur Heirat ist alles wieder gut! Nur sagt man halt bei Erwachsenen: in ein paar Wochen, nächstes Jahr, oder: im Himmel. Die Vertröstung auf den Himmel gilt vielfach als „christlich“. Meistens ist sie nur billig. (Nicht weil es nicht stimmte, sondern weil es nichts kostet. Echter Trost ist wie auch guter Rat teuer – er soll dem Geber „etwas nehmen“.)
Daß Trost und Treue verwandt sind, wurde gesagt. Wie selten beides gelingt, wurde wohl spürbar. Wie sehr wir beides brauchen, muß ich sicher nicht mehr sagen. Es gibt noch viel zu lernen.

Von der Unfähigkeit, Leid zu deuten

Eigentlich könnte die Überschrift auch heißen: Vom Sinn des Leidens. Oder wenn sich dieser nicht finden läßt: Vom Un-Sinn des Leidens. Das Philosophengeschäft, das Leid zu deuten, ist so alt wie das menschliche Nachdenken – also die Philosophie selbst. Und seit die Theologen an diesem Nachdenken mitbeteiligt sind, ist die Sache nicht klarer geworden.

Die Urfrage hieß so: Wie kann ein allmächtiger Gott das Leid in dieser Welt dulden? Aus der heidnischen Philosophie (Epikur) wurde die Frage an die christliche Philosophie (Laktanz) und Theologie (Augustinus) weitergereicht, bis Thomas von Aquin die noch heute klassische Antwort gab: Gott erschafft das Böse und das Leid nicht, er läßt es nur zu. Von dieser „Zulassung" wird mangels besserer Argumente bis heute von Pfarrern und Religionslehrern gesprochen, ohne daß diese Antwort voll befriedigen würde. Leibniz setzte sogar zu einer regelrechten „Verteidigung Gottes" angesichts des Übels in der Welt („Theodizee") an. Voltaire höhnt da nur, daß die Diskutierer über das

Übel ihm vorkämen „wie Sträflinge, die mit ihren Ketten rasseln". Sodaß Kant nüchtern „über das Mißlingen aller philosophischen Versuche in der Theodizee" resümieren kann. Und vor allem: Selbst wenn sich eine kluge Lösung des Problems hätte finden lassen – sie hätte vielleicht Philosophen oder Theologen befriedigt, aber keinen einzigen Leidenden getröstet, geschweige denn sein Leid gemindert oder behoben. Was bringt also dieser (allzu knappe) Streifzug durch die Denkgeschichte? Außer viel Hirnarbeit – kein Ergebnis. Mir selbst scheinen die Versuche, Leid zu erklären, nur verbale Harmonisierungsversuche angesichts der fortdauernden Dissonanzerfahrung des Leids zu sein. (Also „billiger Trost".)
In den Religionen, auch in unserer jüdisch-christlichen, kennt man eine Reihe von Motiven, die man Gott zur Begründung dafür unterschiebt, daß er Leid schickt oder auch „nur zuläßt": als Strafe für frühere Sünden, zur Erziehung, zur Prüfung, zur Läuterung und zur Sühne. Das alttestamentliche „Trostbuch" Ijob etwa führt diese Deutungen an, verweist aber darüber hinaus auf die Unbegreiflichkeit Gottes. Auch hier ist spürbar, daß unser vernunftgemäßes Argumentieren den Gründen für das Übel in der Welt nicht

beikommen kann. Bei Ijob (auch Hiob oder Job genannt) scheitert die Theodizee schon Jahrtausende vor Kant.

Eigentlich ist es verwunderlich, daß die alten Strafmotive sich bis heute auch im christlichen Raum erhalten haben. So wird noch vielerorten gelehrt und gepredigt, daß uns Gott Strafen schicke, daß er uns mit dem Leid erziehen wolle, daß wir wie Gold im Feuerofen durch das Leid geläutert würden, daß wir mit dem Leid fremde und eigene Schuld sühnen müßten und daß unser Leid eine Art Aufnahmsprüfung für den Himmel sei. Doch nur ein einziges Kind mit aufgequollenem Hungerbauch wischt alle solche Begründungen zugleich von den Schreibtischen unserer Prediger. Und läßt uns mit Dostojewskij fragen, was denn überhaupt eine einzige Kinderträne rechtfertigen könne. Es gibt – allzu viel – sinnloses Leid. Sagen wir es geradeheraus und lassen wir es so stehen.

Nun aber möchte ich Sie, liebe Leserin, lieber Leser, auf einen kleinen, aber wichtigen Unterschied aufmerksam machen: Bisher haben wir gleichgesetzt, ob von Sinn oder Bedeutung des Bösen und des Leids gesprochen wurde. Nun soll aber noch näher über das Wort „Deutung“ nachgedacht werden.

Im Wort „Deutung“ steckt „deuten“ – jede Deutung weist auf etwas hin. Es soll nun darum gehen, dem nachzuspüren, worauf Leiden hindeuten kann. Eine Krankheit kann auf eine Fehlhaltung hinweisen, auf einen zu hektischen Lebensstil vielleicht, auf seelische Probleme, auf falsche Ernährung. Ja, eine Krankheit kann auch ein Alarmzeichen sein, eine letzte Drohung, doch noch etwas zu ändern. Natürlich kann ein körperliches Leiden auch auf den Tod verweisen, andeuten, daß die Lebenskräfte zu Ende gehen.
Ein anderes Beispiel: die Trauer kann auf die Intensität der beendigten Beziehung hinweisen. Einsamkeit auf die vermißte Intimität und menschliche Nähe; ja sogar Unfälle, Morde und Kriegsnöte verweisen auf menschliche Unzulänglichkeit, Aggressivität, auf Ungerechtigkeit oder Haß hin. Natürlich ist mit solchen Beispielen kein Problem gelöst, kein Leid „erklärt“. Weil ja auch „erklären“ kein angemessenes Tun ist, wenn Leid be-leidigt.
Gehen wir einen Schritt weiter: Ich vermute, daß es Ihnen, liebe Leser, oft auch so ergeht, daß manches Leid oder Unrecht Ihren Zorn erregt. Ein solcher Zorn kann ein durchaus gerechter, ein sinnvoller Zorn sein – wenn wir es nicht damit bewenden lassen, die Fäu-

ste in den Hosentaschen zu ballen oder am Stammtisch zu räsonieren. Der Zorn, der Leibeigene oder ausgebeutete Arbeiter dazu veranlaßte, sich zusammenzuschließen und für eine bessere Zukunft zu kämpfen, hatte eine gute „Be-Deutung". Ja, noch mehr – er hatte Sinn. Natürlich macht es das Arbeitsleid Ausgebeuteter nicht sinnvoll, weil es zum Einsatz für Gerechtigkeit aufstachelt: „sinnvoll" in wahrer Bedeutung heißt, mit Sinn gefüllt zu sein. Aber wenigstens ganz bedeutungslos war jenes Leiden nicht, das den Leidenden vorantrieb, das Leid zu bekämpfen.

Manchmal habe ich den Eindruck, daß wir unseren Zorn beim Lesen der Zeitungsmeldungen oder nach den Fernsehnachrichten allzu rasch wieder verrauchen lassen. Und wenn der Zorn wirklich anhält oder durchbricht, dann schlägt er allzu schnell in Haß um. Weil es halt leichter ist, den Ungerechten zu hassen, als das Unrecht zu bekämpfen.

Hoffentlich ist es mir bisher ein wenig zu zeigen gelungen, daß wir auch vor sinnlosem Leid nicht gleich kapitulieren sollten. Manchmal hat es eben nur die Bedeutung, die wir ihm geben.

Zuletzt möchte ich Ihnen, liebe Leser, eine Überlegung mitteilen, für die vielleicht nicht jeder gleich zugänglich ist. Es gibt eine Art von Leid, die so deutlich auf ein Ziel verweist, daß wir es gern hinnehmen: das Geburtsleid. Die Freude am Neugeborenen rechtfertigt nachträglich jeden Schmerz. Und zum Glück weiß eine werdende Mutter das vorher. Eine schmerzhafte Operation läßt sich in der Hoffnung auf Heilung leichter ertragen. Ja, sogar die Trauerarbeit kann die Hoffnung auf eine Zukunft enthalten, in der man wieder glücklich sein kann. Die christlichen Mystiker kennen den Gedanken, daß alle unsere Leiden Geburtswehen seien, als müsse der „neue Mensch“ unter Schmerzen geboren werden. So würde der Mensch in seinem letzten, dem Todesleiden, hineingeboren in ein neues Leben . . .

Woran wir leiden

Vielleicht haben Sie, liebe Leserin, lieber Leser, sich schon gedacht: Bisher war doch vor allem die Rede von dem, was uns so schlecht gelingt – dem Leiden, dem Trösten und dem Deuten von Leid. Was aber ist das Leid wirklich? Was geschieht mit mir, wenn mich etwas schmerzt oder traurig macht? Woran leide ich denn nur?

Mit der Frage, woran wir leiden, ist natürlich nicht so sehr die vordergründige Ursache gemeint. Die kennen wir ja meistens: Es tut uns etwas weh, wir sind über etwas betrübt, es macht uns etwas Angst, wir fühlen uns für etwas schuldig . . .

Doch immer, wenn uns etwas leiden macht, passiert etwas mit uns, dem wir jetzt nachspüren wollen. Versuchen wir aber zuerst verschiedene Weisen des Leids auseinanderzuhalten.

Eine sehr einfache Unterscheidung besteht darin, daß wir von körperlichem (physischem), von seelischem (psychischem) und von sozialem Leid (etwa der Einsamkeit) sprechen. Dabei ist auffallend, daß uns jede einzelne Weise des Leids nicht so schwer zu schaffen macht. Ein paar Stunden Kopfschmerz können schlimm sein, sind sie aber vorbei, dann fühlen wir uns bald so, als wäre nichts gewesen.

Nur lange anhaltendes und vor allem „geballtes Leid“ auf allen drei Ebenen zieht uns schwer und nachhaltig in Mitleidenschaft. Solchem Leid stehen wir oft hilflos gegenüber. Simone Weil nennt es „Unglück“ (le malheur): „Das große Rätsel des menschlichen Lebens ist nicht das Leiden, sondern das Unglück.“ Solches Unglück kann uns von innen aushöhlen und zerstören.

Eine andere Unterscheidung kann auch recht dienlich sein: Max Scheler spricht von drei Ebenen, auf denen wir Harmonie oder Störung erfahren können. Die sinnliche Ebene erfahre ich harmonisch in der Lust, gestört im Schmerz. Die tiefere seelische Ebene in Freude, oder in Traurigkeit. Die Harmonie auf der tiefsten, der geistigen Ebene erfahre ich als Glück, die Störung als Unglück. (Wobei zu bedenken ist, daß wir im Alltag all diese Ausdrücke ungenau und austauschbar verwenden.)

Das eigentlich Interessante an dieser Unterscheidung ist jedoch die Feststellung Schelers, daß wir geneigt sind, bei Störung auf einer tieferen Gefühlsebene auf eine (bequemere) Erfüllung auf einer seichteren Gefühlsebene auszuweichen. So vermeiden wir „Unglück" (geistig), indem wir „Freude" (seelisch) zu gewinnen suchen. Oder als Ersatz für nicht erreichbare (seelische) „Freude" begnügen wir uns mit (sinnlicher) „Lust". Wenn auch diese Theorie aus anderer Sicht angreifbar sein mag, sie macht uns aufmerksam auf unsere Suche nach „Entschädigung durch Surrogate". Einfacher gesagt: Leid und Unglück bringen uns leicht dazu, Ersatzbefriedigungen auf oberflächlicher Erfahrungsebene zu suchen.

Ich vermute, daß nun schon deutlicher geworden ist, was uns leiden macht. Doch für die weiteren Überlegungen scheint mir noch eine Unterscheidung wichtig. Sie begründet sich in unserem Harmoniebedürfnis. Obwohl es in jüngster Zeit ein wenig modisch geworden ist, sich über dieses Bedürfnis zu mokieren, halte ich es für ein wichtiges und gutes Grundbedürfnis: Der Mensch strebt nach Harmonie. Und das in mehrfacher Weise. Leid ist gegenüber diesem Harmoniebedürfnis eine Mangelerfahrung.

Ich wünsche Harmonie im Wohlbefinden – die Mangelerfahrung ist der Schmerz. Ich wünsche Harmonie im Wohlverhalten – die Mangelerfahrung ist die Schuld. Ich wünsche

Harmonie im Wohlwollen – die Mangelerfahrung ist der Haß (wohl auch die Gleichgültigkeit). Immer, wenn sich die Wirklichkeit an meinem Harmoniebedürfnis reibt, gibt es eine Dissonanz – das Leid.
Beides aber sind Grundbedingungen unserer Existenz, der Wunsch nach Harmonie – aber auch die Erfahrung der Dissonanz. Und weil der Mensch grundsätzlich und immer in dieser Spannung steht, sogar wenn er sich für kurze Zeit einmal wohlfühlt, ist er seinem Wesen nach leidend („homo patiens"). Unsere Verletzlichkeit gehört zu den Grundbedingungen unserer Existenz. Darin liegt eine grundsätzliche Tragik unseres Lebens: Die gewünschte Harmonie (Glück, Freude, Wohlbefinden) gelingt uns allzu selten – die gefürchtete Dissonanz (Schmerz, Schuld, Haß) widerfährt uns immer wieder. (Die Feststellung der Musikfreunde, daß die Dissonanzen die Würze der Musik wären, schmälert diese Tragik kaum – in der Musik spiegelt sich eben die Spannung unseres Lebens wider.)
Dorothee Sölle beschreibt drei Phasen des Leids, die von diesen eher theoretischen Überlegungen zurückführen können – dorthin, wo Leiden bedrängend erfahren wird: (Vielleicht können Sie beim Lesen versuchen,

Ihre eigene Erfahrung wieder in Erinnerung zu rufen – möglicherweise wird dabei Wichtiges bewußt.)

Wenn uns starkes und übermächtiges Leid befällt, werden wir gewöhnlich stumm, sprachlos. Der Schmerz isoliert uns, wir fühlen uns ohnmächtig. Das ist die erste Phase des „privatisierten Leidens".

Gewöhnlich erst später finden wir zur Sprache zurück, zuerst noch wenig, dann immer mehr bewußt klagend. Das Leid drängt nach Kommunikation und Reflexion. (Sölle verweist hier auf die biblischen Psalmen, aber auch auf die Klage und An-Klage politisch leidender, unterdrückter und ausgebeuteter Menschen.) Das ist die zweite Phase des „sensibilisierten Leidens".

Erst durch Klage, Anklage und Aufruf wird das Leiden schöpferisch. Es ruft zur Solidarität und zur Veränderung auf (– zur biblischen, aber auch zur heutigen Überwindung der Knechtschaft). Doch hier teilen sich die Wege: Es gibt abwendbares Leid – das ist zu überwinden. Es gibt unabwendbares Leid – das ist anzunehmen. In beiden Fällen kann man die dritte Phase die des „solidarisierenden Leidens" nennen.

Deutlich wird hier der christliche Weg, das Leid aus der privaten Sphäre des stillen

Vor-sich-hin-Duldens herauszuheben in den Bereich des „Mitleidens“. Gleich, ob dieses Mitleiden im Ankämpfen gegen aufhebbares Leid oder im Annehmen unabwendbaren Leidens besteht.

Nachdem es bisher um die Schwierigkeiten beim Umgang mit Leid und Trost ging, soll in den folgenden Abschnitten von dem die Rede sein, was mein eigentliches Anliegen in diesem Büchlein ist – von Zärtlichkeit und Trost.

Zärtlichkeit und Trost

Möglicherweise ergeht es Ihnen so wie den meisten Zeitgenossen, daß Sie beim Wort „Zärtlichkeit" zuerst an jene Berührungen denken, die unter Verliebten und Liebenden Ausdruck ihrer Zuneigung sind. An „Zärtlichkeiten" (in der Mehrzahl) sozusagen. Für manche Menschen sind Zärtlichkeiten überhaupt etwas anrüchig. Weil halt die Zeiten noch nicht vorüber sind, in denen Erotik und Sexualität als sündhaft galten. Doch sexuelle Zärtlichkeiten sind eigentlich ein Sonderfall. Hier soll erst einmal allgemein über Zärtlichkeit nachgedacht werden.

Sie wissen ja, auch eine Mutter ist zärtlich zu ihrem Kind, eine Pflegerin zu einem Kranken. Und wenn jemand die Hand eines Sterbenden hält, dann empfinden wir auch das als zärtliche Geste. Wir wissen auch, daß es zärtliche Blicke, eine zärtliche Sprache gibt, daß es eine zärtliche Art gibt, miteinander umzugehen. Und es fällt uns ein, daß Zärtlichkeit im Allgemeinen eher als weibliche Eigenschaft empfunden wird – bei Männern bleibt sie oftmals auf den erotischen Bereich beschränkt (und auch dort bleibt sie oft beschränkt).

Das Wörtchen „zart" in der Zärtlichkeit weist uns den Weg zu einem tieferen Verständnis. Alles, was zart, fein und zerbrechlich ist, erweckt in uns eine Regung, damit auch feinfühlig umzugehen. Kein feinfühliger Mensch wird einen Säugling wie ein Paket unter den Arm nehmen oder eine Blume in die Hosentasche stecken.

Feine und verletzliche Dinge erwecken in uns eine Beschützerreaktion – wir respektieren das Feine und Verletzliche. Das nennen wir Zärtlichkeit.

Wenn wir bedenken, daß wir alle verletzlich sind, daß auch die Stärksten von uns bisweilen wie Blumen in der Hosentasche eines rücksichtslosen Schicksals sind, wird klar, wie sehr wir Zärtlichkeit brauchen. Ununterbrochen – also auch, wenn wir gerade unverletzt sind.

Noch immer werden Mädchen zu zärtlichen Müttern und Buben zu harten Männern erzogen. Zärtlichkeit ist noch keineswegs eine Männertugend geworden. (Obwohl sich da in den letzten Jahren schon einiges gebessert hat.) Und unsere noch vorwiegend von Männern geprägte Gesellschaft spiegelt diese unzärtliche Erziehung wider. Und so gebricht es an Zärtlichkeit besonders in jenen Bereichen, in denen mit benachteiligten und leidenden

Menschen umgegangen wird. Es klingt ungewohnt – aber es muß nach einem zärtlicheren Sozialwesen gerufen werden, nach einer zärtlichen Medizin, nach einer zärtlichen Politik. (Letzteres getraue ich mich angesichts der Brutalität des politischen Machtgerangels kaum niederzuschreiben.) Hinter dem Ruf nach mehr Frauen in wichtigen und entscheidenden Positionen steckt nicht nur der Wunsch nach einer zahlenmäßig gerechten Vertretung, sondern auch der Wunsch, Frauen würden andere Entscheidungen treffen als Männer. Menschlichere, verständnisvolle, zärtliche. (Die Wirklichkeit enttäuscht: Politikerinnen spielen oft den noch härteren Mann.)
Ich gebe es gerne zu: Die Vorstellung, an den wichtigen und entscheidenden Positionen, auch an jenen, die über Krieg und Frieden bestimmen, säßen Frauen, die Kinder geboren und gestillt haben, die ihren Männern zärtliche Geliebte sind – diese Vorstellung hat für mich etwas Faszinierendes. (Trotzdem wäre es aber besser und einfacher, wenn wir Männer ganz einfach Zärtlichkeit lernten.)
Ein Sonderfall ist meine (– die katholische –) Kirche. Eine reine Männerkirche, was die Ämter betrifft. Frauen und Mädchen dürfen

offiziell nicht einmal als Meßdiener mithelfen. Was die Kirchgänger betrifft, eine vorwiegend von Frauen besuchte Kirche. Wobei sich bereits ein Auszug denkender Frauen abzuzeichnen beginnt. Von wenigen Ausnahmen abgesehen, wird die Frauenbewegung unserer Tage nur mit Hohn kommentiert. Dabei müßte die Frauenfrage für die nächsten Jahre zur wichtigen Frage unserer Kirche erklärt werden. (Von meinen evangelischen Freunden höre ich etwas bessere Nachrichten.) Die Art des Lehrens und Leitens in meiner Kirche, der Stil der Kirchendisziplin und der Umgang mit Konflikten bietet das Bild einer Gemeinschaft, die bestenfalls in Ansätzen begonnen hat, Zärtlichkeit zu lernen. (Dabei hätte sie von einer in ihr so hochgeschätzten Maria aus Nazareth doch einiges zu lernen.)

Versuchen wir an dieser Stelle wieder ein kurzes Resümee: Verletzlichkeit ist eine Grundbedingung unserer Existenz. Daher sind wir grundsätzlich trostbedürftig. Und hoffentlich auch grundsätzlich trostfähig. Die Grundhaltung, die uns zum Trost befähigt, ist die Zärtlichkeit. Wir sind zu einem Menschen zärtlich, weil er eben jetzt Trost braucht – weil er verletzt, leidend, traurig ist. Oder aber wir sind zu einem Menschen zärtlich, weil er zwar nicht gerade jetzt, aber prinzipiell doch immer Trost braucht – er ist zwar nicht jetzt verletzt, aber immerwährend verletzlich. Bedenken wir doch, wie leicht man einen Menschen von einer Sekunde auf die andere zutiefst verletzen kann, wenn man nur seine wunden Stellen kennt. Jeden von uns kann man durch wenige Worte sofort tieftraurig machen. Und je näher wir einander stehen, desto genauer kennen wir die verletzlichen Stellen des anderen. (Weshalb es auch kaum anderswo so häufige und tiefe Verwundungen gibt wie im „Nahkampf" der Partnerschaft und der Familie.)

Sagen wir es kurz: Zärtlichkeit ist Trost, und Trost ist Zärtlichkeit. Und weil uns so wenig Zärtlichkeit gelingt, ist unsere Welt so trostlos.

Zärtlichkeit ist zuerst einmal eine innere Haltung, etwa so: Ich weiß, Du bist verletzlich. Ich bin es auch. Ich will also behutsam mit Dir umgehen, ich will feinfühlig mit Dir reden, ich will Dich taktvoll fragen, ich will Dir aufmerksam zuhören. Ich will von Dir nur das wissen, was Du mir gern sagst. Ich will Deine Schwächen so nachsichtig behandeln wie meine eigenen. Ich will Deine Wünsche ähnlich respektieren wie meine eigenen. Ich will Deine Sorgen so ernst nehmen wie

meine eigenen. Ich will Dir so nahekommen, daß es Dich nicht verletzt. Ich will Dich nur dort berühren, wo es Dir Freude macht. Ich will Deine Freude zu meiner Freude machen. Ich will Dein Leid zu meinem Leid machen ...
Sollten Ihnen – liebe Leserin, lieber Leser – diese Sätze bekannt vorkommen: Sie haben recht. Wenigstens die Kurzfassung aller Regeln der Zärtlichkeit kennen Sie: „Liebe Deinen Nächsten wie Dich selbst!"
Wem diese Zärtlichkeit gelingt, für den gibt es keine sündhaften Zärtlichkeiten.

Trost und Treue

Ich muß Ihnen, liebe Leser, gestehen, daß ich mich vor diesem Kapitel ein wenig fürchte. „Treue" ist ein wichtiges Wort; es wird oftmals verwendet, um Treue zu fordern, doch wir haben Vorbehalte, sie auch zu versprechen. Und mißbraucht wurde dieses Wort – etwa im Faschismus – ähnlich oft wie das Wort „Gehorsam". Immer wieder werde ich danach gefragt, was denn nun Treue eigentlich ist – und selten bin ich selbst mit meiner Antwort zufrieden.

Beginnen wir von der Rückseite: Es gibt Dinge, die nicht eingefordert werden können. Tut man dies dennoch, verhindert man, was man bewirken will. Wer Liebe fordert, macht sie unmöglich – man bekommt sie nur geschenkt. Wer Freude verlangt, erschwert sie – er bekommt höchstens Lustigkeit. Wer ein Geschenk fordert, macht es als Geschenk wertlos – falls er es überhaupt bekommt. Wer Demut fordert, demütigt. Ich vermute, daß es sich bei der Treue ähnlich verhält. Man kann seine Treue jemandem schenken, man kann sich selbst darum mühen, treu zu sein. Ja man kann vielleicht unter widrigen Umständen sich selbst mit großem Aufwand zur Treue zwingen. Doch wenn ich von anderen zur Treue gezwungen werde, ist es keine mehr. Dann ist es vielleicht Notwendigkeit, Zwang oder Pflicht – aber nicht mehr Treue.

Besonders häufig wird von Treue im Zusammenhang mit Partnerschaft und Ehe gesprochen. Ja, man versteht unter ehelicher Treue oft geradezu ein Sexualmonopol. Wenn ein Ehepartner den anderen fragt, ob er (etwa in einer Zeit der Abwesenheit) ihm treu gewesen wäre, dann meint er zumeist, ob der Partner mit einem anderen geschlafen habe. Unsere verengte Sicht von Partnerschaft und Sexualität zeigt sich recht deutlich darin, daß man unter „Untreue“ vorwiegend einen sexuellen Seitensprung versteht. So als ob es sich um einen klaren Fall von Besitzstörung handle (– vergleichbar der unerlaubten Benützung eines fremden Autos). Das wird aber mit Treue denn doch nicht gemeint sein.

Sie merken, liebe Leser, es ist leichter zu sagen, was Treue nicht ist, als was sie nun wirklich ist. Doch vielleicht kommen wir über die Wortgeschichte zum Wortsinn. Sie wissen bereits, die Worte „Trost“ und „Treue“ haben beide diesselbe Wurzel; sie sind verwandt mit „trauen, Vertrauen“ und dem englischen „true“. Das Feld der Bedeutungen könnte so umschrieben werden: treu, ehrlich, zuverlässig, wahr, richtig, echt, fest, standhaft ...

In einer gewissen Weise geht es einerseits darum, sich selbst treu zu sein, seine Ideale und Ideen nicht zu verraten, beharrlich seinen Weg zu gehen. Auch die innere Wahrhaftigkeit ist damit gemeint, die eine Übereinstimmung will zwischen dem Denken und Reden, aber auch zwischen dem Reden und Tun.

In einer zweiten Weise ist die Treue zu einem Du gemeint, in der man seine eigene Zuwendung nicht Lügen strafen will, in der man die Zusage zu einem anderen nicht abhängig machen will von Zufällen und fremden Einflüssen. Diese zweite Weise der Treue macht die persönliche innere Treue erst auf die Welt und die Menschen hin voll wirksam.

Trost und Treue sind tatsächlich zwei zusammenhängende Begriffe: Die Treue meint meine innere Wahrhaftigkeit, mit der ich zu Ideen und Menschen stehe, auch unter widrigen Bedingungen. Diese Treue macht mich fest, standhaft, läßt mich einiges aushalten. Diese Treue kann nur ich mir selbst auferlegen. (Ein religiöser Mensch würde sich allenfalls von Gott „in die Treue nehmen lassen". Die Bibel spricht auch vom „treuen Gott".) Der Trost andrerseits meint jene innere Wahrhaftigkeit, die ich anderen zuwende, mit der ich andere stärke. Dieser Trost macht den anderen fest, standhaft und läßt ihn einiges aushalten. Diesen Trost kann ich nur frei schenken, ich kann auf ihn nicht verpflichtet werden. (Ein religiöser Mensch würde sich von Gott „auf den Trost verpflichten lassen". Wie ja auch die Bibel vom „Gott allen Trostes" spricht.)

So gesehen sind Trost und Treue zwei Seiten derselben Wirklichkeit. In einem Wortspiel gesagt: Aus der Treue gewinne ich meinen Trost – indem ich Trost schenke, erweist sich meine Treue.

Versuchen wir nun – probeweise sozusagen – das bisher Gedachte auf partnerschaftliche und eheliche Treue anzuwenden. Hier bedeutet Treue, daß ich meine Zuwendung nicht umkehren will (in Abwendung), daß ich eine frühere Entscheidung nicht Lügen strafen will, daß ich die Erfüllung meiner Zusage nicht von Zufällen und widrigen Umständen abhängig machen will. Wenn wirkliche Liebe „in guten und bösen Tagen" gilt – dann ist sie treu. Sie ist auch treu, wenn sie Verfehlungen überdauert – also auch die sogenannte „Untreue". Die Liebe, die „alles trägt, alles glaubt, alles hofft, alles leidet und sich nicht verbraucht", ist treu (Paulus).

Wenn Sie hier einwenden sollten, daß das alles recht idealistisch klingt, würde ich Ihnen gar nicht widersprechen. Es war die Umschreibung eines Treue-Ideals. Wie wenig wir dieses Ideal verwirklichen, brauche ich Ihnen wohl nicht erst zu sagen. (Ich persönlich ziehe es eben vor, hinter einem Ideal immer wieder zurückzubleiben, als in bequemer Anpassung an die Realität gar keine Ideale

zu haben. Den Spott der „Realisten“ werde ich aushalten.)
Letztlich könnte man sagen: Treue ist Liebe für den Ernstfall. Denn wenn es Liebenden gut geht, wenn ihre Liebe nicht angefochten ist, wenn sie ihnen leichtfällt, wird die Treue ja gar nicht bemüht. Erst wenn Konflikte die Liebe schwermachen, wenn der frühere Elan verbraucht scheint, wenn die Attraktivität nachzulassen scheint, wenn die Liebe Überwindung, Opfer und Kompromisse fordert – dann ist der Ernstfall der Liebe gekommen, die Zeit der Treue. Und der härteste Ernstfall für die Treue des einen ist vielleicht der Treubruch des anderen.
Leider verhalten wir uns in solchen Fällen oftmals nach einem mathematischen Gerechtigkeitsprinzip. Bist Du mir untreu, bin ich Dir auch nicht mehr treu. Und scheitern somit vor dem höchsten Anspruch der Treue (– wofür ich aber wirklich Verständnis aufbringe). Besonders bedauerlich finde ich das im Fall christlicher Gemeinden. Wer an seiner Ehe scheitert, hätte gerade da die Treue seiner Kirche besonders nötig.
Habe ich vorhin gesagt, daß Treue Liebe für den Ernstfall sei, dann könnte ich fortsetzen: Trost ist Treue für den Ernstfall. Wenn es dem anderen gutgeht, wenn er leicht mit sich

und seiner Welt zurechtkommt, braucht er keinen Trost. Wir wissen ja, nur „der Glückliche ist beliebt“ (Bert Brecht). Um den Trost drücken wir uns allzu gern herum. Doch Trost ist Treue.

Lieben und Leiden

In der Vorstellung vieler jung-romantisch Verliebter haben Liebe und Leid nichts miteinander zu tun. Ja, das eine scheint geradezu das Gegenteil vom anderen zu sein. Doch wer einmal weiß, daß Verliebtheit und Liebe nicht dasselbe sind, daß sich das eine verbraucht, während das andere erst wachsen muß – der weiß auch, daß Liebe mit Leid sehr viel zu tun hat. Ja, daß es sich mit ihnen wie mit zwei Seiten derselben Wirklichkeit verhält.

„Wer mehr liebt, der muß mehr leiden“ heißt es bei Tucholsky. Und die schmerzliche Wahrheit ist nicht zu übersehen, daß eben Liebe ohne Leid nicht zu haben ist. Das Leid ist „der Preis der Liebe“ (Gisbert Greshake). Versuchen wir den Zusammenhang aufzuzeigen, indem wir zugleich über das Wesen der Liebe nachdenken. Wenn Liebe heißt, daß ich sagen kann: „Gut, daß es Dich gibt!" (Josef Pieper) – dann muß ich aber einwenden: „Nicht alles an Dir kann ich ebenso gutheißen". Und wenn Liebe darin besteht, daß ich mich an einem anderen Menschen freue – dann gibt es wohl auch unerfreuliche Dinge an ihm. Wenn ich aber mit Liebe die Zuwendung meiner ganzen Person zu einem anderen meine – auch diese Zuwendung gelingt nie ganz. In jeder Liebe ist ein Wurm. All unsere Liebesversuche gelingen nur teilweise. Die vollkommene Liebe, die vollkommene Ehe, die vollkommene Partnerschaft gelingen uns nicht. (Die Christen nennen die „vollkommene Liebe" seit Johannes „Gott".)

Sie werden jetzt vielleicht sagen, es wäre die Hauptsache, daß uns Liebe wenigstens grundsätzlich gelingt, daß wir „liebesfähig" sind. Und tatsächlich dürfte darin die Grundbedingung für ein geglücktes Leben liegen. Nicht der unglücklich Liebende, dessen Zuwendung nicht erwidert wird, ist am schlimmsten dran, sondern jener, der gar nicht lieben kann. Der ist nämlich weder liebes- noch leidensfähig. Liebes- und Leidensfähigkeit bedingen einander.

Was mit dieser Liebesfähigkeit gemeint ist, möchte ich an einem längeren Gedankengang aufzeigen: Unser eigentlicher Besitz ist unsere Lebenszeit. Ich kann diese Zeit für mich oder für andere verbrauchen, ich kann sie verschwenden oder totschlagen, ich kann sie zu Geld machen oder mir damit Macht, Prestige oder Ehre erwerben. Egal, was ich damit mache – jede Minute meiner Lebenszeit ist nach Ablauf unwiederbringlich vorbei. (Weshalb sich der Zeitvertreib als besonders dumme Sportart ausweist.)
Wenn ich nun sage: „Alle Zeit mir – keine den anderen!“, wenn ich mich also geizig und gierig an mein Leben klammere – dann läuft es zwar genauso schnell ab wie bei anderen Menschen, aber zuletzt stehe ich mit leeren Händen da. Denn die Dinge, für die ich vielleicht meine Zeit hergegeben habe – Geld, Macht, Ansehen, Genuß –, sind vorbei. Die Unfähigkeit, meine Zeit, mein Leben an andere zu verschenken – die Liebesunfähigkeit –, ließ mein Leben mißglücken.
Wenn ich nun sage „Meine Zeit, das Wertvollste, was ich habe, schenke ich Dir, und Dir und Dir – dann aber auch wieder etwas für mich“, wenn ich also großzügig mein Leben an Menschen und Ideen verschenke – dann läuft es zwar ebenso schnell ab, aber

zuletzt stehe ich keineswegs mit leeren Händen da. Die Fähigkeit, mein Leben an andere zu verschenken – die Liebesfähigkeit –, hat meinem Leben Sinn gegeben. „Wer sein Leben geizig für sich behält, der wird es verspielen. Wer es aber großzügig für andere verbraucht, der wird es gewinnen.“ (Auch dieser Satz steht schon in der Bibel.)
Vielleicht werden Sie, liebe Leser, nun fragen, wie es dazu kommt, daß der eine liebesfähig ist, der andere aber nicht. Die Antwort ist halb ent-, halb ermutigend. Wir werden liebesfähig im Geliebtwerden. Fürs erste wenigstens können wir nichts dafür. (Die Theologen nennen so etwas „Gnade“. Immerhin ist es eine Begnadigung von der tödlichen Sinnlosigkeit, nicht lieben zu können.) Wahrscheinlich haben wir im Lauf unseres Lebens noch gewisse Chancen, an unserer Liebesfähigkeit zu arbeiten. Doch die Grundbedingung haben andere gesetzt. Zum Beispiel unsere Eltern. Vielleicht verstehen Sie nun auch meine frühere Behauptung besser, die Menschheit habe, wenn überhaupt, nur eine Überlebens-Chance, wenn sie Liebe und Zärtlichkeit lerne. Auf Menschen, die Liebe lehren können, setze ich mehr Hoffnung als auf alle Sozialingenieure, Städteplaner, Moralisten, Polizisten und Strategen zusammen.

Letzten Endes schreibe ich auch dieses Buch (wie schon meine früheren „Zuwendung“ und „. . . und hätte die Liebe nicht“), um Sie – liebe Leserin, lieber Leser – zu ermutigen, sich trotz aller Verletzlichkeit wieder an das „leidige Geschäft des Liebens“ zu wagen. „Leidig“ – weil es Lieben ohne Leiden nicht gibt.

Es gibt da einen Punkt, der uns beim Bedenken der Liebe recht nachdenklich machen kann: Wer liebt, verbraucht sein Leben für andere. Eine Mutter schenkt Jahre ihres Lebens an ihre Kinder. Ein Erwachsener Jahrzehnte an seinen Partner. Vielleicht verschenkt auch einer in einem heroischen Augenblick sein ganzes Leben auf einmal, um andere zu retten. Wer liebt, gibt sich her.

Das ist aber nun das genaue Gegenteil von dem, was so viele Menschen unter Liebe verstehen: Wenn sie nämlich meinen, einen Menschen besitzen zu können. Da wird ein Mädchen „erobert“, dort wird jemand „umworben“, ja manchmal wird um eine Frau regelrecht „gekämpft“. Die Frau als Beutestück, als Prestigeobjekt, als Besitz.

Lieben heißt also, daß man sich nicht besitzen läßt – sich aber dennoch hergibt. Daß man auf seiner Selbständigkeit besteht – um dennoch im anderen Erfüllung zu suchen.

Daß man zwar seine Unversehrtheit hochhält – trotzdem Ergänzung im anderen will.
Und das ist es, was so wenig Menschen verstehen. Sie kennen nur die Alternative: entweder selbständig allein sein – oder zu zweit die Individualität aufgeben. Daß ein Mensch gerade in der Liebe sich selbst findet, verstehen sie nicht. Daß in der Liebe der eine dem anderen hilft, mehr er selbst zu sein, halten sie für unmöglich.
Doch gerade darin liegt das Wesen der Liebe: „Wenn ich bei Dir bin, kann ich mich lieben.“ (Ein indianisches Sprichwort)

Gott und das Leid

Das ist das Dilemma der Christen, wenn sie über Gott und das Leid nachdenken: Einerseits sprechen sie von einem allmächtigen Gott, „der den Grund für seine Existenz in sich trägt" („ens a se") und allmächtig ist – unvorstellbar, daß er so böse wäre, uns leiden zu machen, noch weniger vorstellbar, daß er selbst leiden könnte. Andrerseits sprechen sie von einem Sohn Gottes, Jesus Christus – den seine Gottheit überhaupt nicht hinderte zu leiden und zu sterben. Und das noch in besonders grausamer Weise.

Über dieses Dilemma sind Bibliotheken geschrieben worden; „christologische" Literatur nennt man das pikanterweise. (Ich stelle mir gelegentlich Jesus vor, wie er sich zum Wochenende die Zeit mit derartiger Schmunzelliteratur vertreibt.) Verständlich, daß wir Menschen den Wunsch haben, Gott zu „harmonisieren". Ebenso verständlich, daß sich Gott unseren Harmonisierungsversuchen entzieht. Ich verbiete mir hier die üblichen theologischen Überlegungen, weil ich vermute, daß Gott eine andere Logik hat. Ich wage es nur, einen bescheidenen Verdacht zu

äußern. (Keine Behauptung also – die Kirchenzensur kann beruhigt weiterlesen.)
Mein Verdacht besteht darin, daß wir Gott eine Menge Eigenschaften nach unseren eigenen Wünschen zugemessen haben: Wir selbst wären gern mächtig – also ist Gott allmächtig. Wir selbst würden gern viel wissen – also ist Gott allwissend. Wir selbst würden gern länger leben – also ist Gott ewig. (Die Reihe läßt sich fortsetzen.) Jetzt will ich gar nicht die Richtigkeit solcher Sätze bestreiten – wohl aber, daß sie uns Gott verständlicher machen, als wenn wir solche Sätze nicht hätten. Da sie wohl nur ein winziger Bruchteil dessen sind, was Gott selbst über sich sagen könnte, und außerdem in einer mißverständlichen Menschensprache, geben sie uns bloß die Illusion, etwas über Gott zu wissen. (So, als würde ich aus einem dikken Roman 26 Buchstaben vorlesen.)
Dieser Verdacht hat mich nun dazu veranlaßt, das oben beschriebene Dilemma auf echt „christ"liche Weise zu lösen. Ich denke weniger über den so schwer begreiflichen Gott nach, umso mehr aber über Christus, von dem wir ja doch recht viel wissen. Ich gestehe Ihnen, liebe Leser, gern, daß mich die Erzählungen von einem „leidenden Gott", seit ich denken kann, sehr berührt

haben. Zwar klang das auch für ein Kind schon recht verwirrend („Warum tut er sich das an? Hat er denn das nötig?“) – aber es war menschlich. Unsere Verletzlichkeit läßt sich eben von einem verletzten Jesus betroffen machen. Die Reden von einem Opfer nach heidnischem Vorbild, bei dem Jesus als „Lamm Gottes“ geschlachtet werde, waren hingegen für mich weniger verständlich. („Warum ist Gott so grausam? Und muß das ausgerechnet sein Sohn sein? Gott läßt seinen Sohn abschlachten? Hat der allmächtige Gott keine besseren Mittel, sich versöhnen zu lassen? Warum ist er nicht ganz einfach wieder gut?“ Heute vermute ich in diesem grausamen Gott eher eine Projektion unserer Allmachtphantasien.)
Je erwachsener ich wurde, desto mehr verstand ich die Welt- und die Menschheitsgeschichte als eine Geschichte unzähliger, auch heidnischer Menschenopfer. Wieviele Unschuldige wurden doch auf den Altären der Habgier, des Größenwahns, des Fanatismus, des Gewissensterrors, des Nationalismus und des Rassenwahns geschlachtet („holocaust“ heißt Menschenopfer). Ganze Völker und Kulturen haben sich gegenseitig ausgerottet. Und die Verteidigung Gottes („Theodizee“), der doch Herr der Geschichte sein sollte,

wurde immer brüchiger. Und sogar der unparteiisch zuschauende Gott, der das Unglück nur zuläßt, wurde immer weniger denkbar. Kann denn Gott noch unparteiisch bleiben? Ist es nicht ein besonderes Maß an Grausamkeit, angesichts der Hochleistungsgaskammern des Dritten Reiches „unparteiischer Zuschauer" zu bleiben? Wie hält es Gott aus, hier nicht Partei zu ergreifen? Mußte in diesen Tagen (– ich selbst war damals kaum geboren –) ein redliches Gebet nicht fragen: Gott, auf wessen Seite stehst Du? Auf der Seite der Henker oder auf der Seite der Opfer?

Und eigenartig – angesichts dieser Frage bekam für mich das Wort „Opfer" einen neuen Klang. Denn auf die herausfordernde Frage „Gott, auf wessen Seite stehst Du?" gab Jesus die Antwort. Der gekreuzigte Gott. (Wie Jürgen Moltmann ihn nennt.)

Jesus – der gekreuzigte, der gefolterte, der gehenkte, der vergaste, der verbrannte Jesus – auf der Seite der Opfer. Auf der Seite der Toten von Auschwitz, in den Kerkern kommunistischer Diktaturen, in den Folterkammern faschistischer Diktaturen, auf den Scheiterhaufen christlicher Glaubensschützer und Hexenjäger.

Und da wurde mir klar: Seit Jesus heißt die

Grundfrage nicht mehr, ob Gott existiert – sondern, auf wessen Seite er steht. In Jesu Tod ist diese Frage beantwortet.
Und da die Christen heute mehr als zu manchen Zeiten der Geschichte verstanden haben dürften, daß auch ihr Platz nicht auf der Seite der Henker sein darf und daß auch jede „Unparteilichkeit“ Parteinahme für die Henker bedeutet, bleibt die Hoffnung, daß Jesu Opfer nicht vergeblich war.
Am Beginn dieses Büchleins war die Rede von einem tätigen Mitleiden, das sich von einem mitleidigen Mitgefühl sehr unterscheidet. Wenn ich fremdes Leid zum eigenen mache, es lindere oder bekämpfe, dann ist das sehr viel. Wenn ich dieses Leid ebenso auf mich nehme, wie jener, den es zuerst trifft, indem ich etwa mit einem zu Unrecht Verurteilten ins Gefängnis gehe, dann ist das noch mehr. (Wie etwa Erzbischof Romero den Unterdrückten seine Stimme lieh – und dafür in den Tod ging.) Doch die höchste Stufe der Solidarität mit dem Leidenden besteht in der Stellvertretung. So wie P. Maximilian Kolbe anstelle eines anderen in den Hungerbunker ging. Die Christen sagen solches von Jesus. „Eine größere Liebe gibt es nicht – als sein Leben hinzugeben für die, die man liebt.“ (Für diese Nachricht lohnt es

sich, das Rätsel mit dem „allmächtigen“ Gott ungelöst zu lassen.)

Seit der Antike geistert eine grundpessimistische Aussage durch die Philosophie: Der Mensch ist dem Menschen ein Wolf (homo homini lupus).

Man kann zwar nicht behaupten, daß seit Jesus die Wölfe unter den Menschen verschwunden wären. Doch für jene, die hoffen, daß die Wolfsweisheit nicht die letzte Weisheit des Menschen bleibt, gibt es für diese Hoffnung ein Zeichen: inmitten der Wölfe das „Lamm Gottes“.

Das Lamm wurde von den Wölfen zerrissen. Doch die Christen glauben nun schon seit zweitausend Jahren hartnäckig, daß seit dem Ostermorgen nicht die Wölfe, sondern das Lamm als Sieger feststeht.

Leid und Entfremdung

Außer dem körperlichen Schmerz gibt es noch eine so arge Vielzahl an Leiden, daß dies ein trauriges Buch würde, wenn ich hier alle aufzählen und besprechen wollte. Bei einigen Weisen des Leids werde ich es wohl tun – doch vorwiegend bei solchen, die mir durch meinen Beruf, durch persönliche Begegnungen und natürlich durch meine eigene Erfahrung näher liegen. Doch vorher noch eine grundsätzliche Beobachtung.

Vor allem bei heftigem körperlichem Schmerz fällt auf, daß der Leidende vom Schmerz regelrecht „besessen" wird. Im wörtlichen Sinn bedeutet das, daß der Schmerz vom Leidenden „Besitz ergreift". Man ist nicht mehr Herr seiner selbst, man wird zum Sklaven seines Schmerzes. Und benimmt sich dadurch oftmals so, wie man es in gesundem Zustand sehr wohl vermeiden würde. Die Erniedrigung des Schmerzes gehört vielleicht zu dem am schwersten zu Ertragenden. Und so ist es verständlich, daß es uns wichtig ist, auch im Leiden und Sterben eine gewisse „Würde" zu wahren. (Und ich gestehe, daß mich dieser Gedanke seit Jahren sehr bewegt. Weshalb ich auch nicht zufällig dieses Büchlein dem Andenken meines Vaters widme.)

Sie werden bemerkt haben, daß uns heftiges Leid zwingen kann, uns sehr anders zu verhalten, als wir gern möchten. Ein Zustand, der uns uns selbst fremd macht. Diese Entfremdung im Leid, auch im seelischen, kann so weit führen, daß wir sozusagen „nicht mehr wir selbst" sind. Und so führt manches Leid zur Zerstörung der Persönlichkeit – und folgerichtig auch zum Tod.

In dieser Entfremdung liegt nun einerseits die Furchtbarkeit des Leidens begründet – des Leidens zum Tod. Doch andrerseits liegt hier auch eine gewisse Chance für jenen, der durch einen Schmerz hindurch vielleicht umso mehr bestrebt sein kann, wieder „er selbst" zu werden. Es gibt Menschen, die durch Leid hindurch zu sich selbst finden konnten . . .

An dieser Stelle, wie auch immer, wenn ich mit Leidenden und über das Leid spreche, merke ich an mir eine gewisse Verlegenheit, die darin besteht, daß solche Dinge am glaubwürdigsten von leidenden oder durch Leiden gereiften Menschen gesagt werden. Und ein eher junger und gesunder Mensch sollte sich die Altklugheit verbieten, zu den schwierigsten und heikelsten Fragen seine glatten Modellantworten vorgefertigt aus der Tasche zu ziehen. (Weshalb ich mir auch meine vielen „vielleicht“, „etwa“ und „sozusagen“ nicht aus dem Text streichen lassen werde. Und meine Verlegenheit beim Sprechen über das Leid soll mir ruhig erhalten bleiben.)

Die Entfremdung, die beim Nachdenken über körperliche Schmerzen so deutlich wurde, ist bei seelischen Leiden nicht immer so offenbar, aber dennoch vorhanden. Von der Entfremdung durch Arbeitsleid wird immer wieder berichtet. Denken Sie nur an die Monotonie des Fließbandarbeiters, an manche Berufe mit höchster Konzentration, an Schwerst- und Schichtarbeiter, oder auch an die Arbeit an Bildschirmen. Das Wort Arbeitsleid ist dort sicher nicht übertrieben, wo ein Mensch nach Beendigung der Arbeitszeit noch Stunden braucht, um wieder „normal“ zu werden. Oder wo er soviel Lebenskräfte verbraucht, daß seine Lebenserwartung deutlich kürzer ist als beim Durchschnitt.

Nachdem zuletzt mehr von heftigem Leid die Rede war, soll nicht vergessen sein, daß es auch eine Weise des schleichenden Leids gibt. Solches Leid wird uns oftmals wenig bewußt, wir finden es „nicht so arg“ – und dennoch kann es uns langsam und kaum merklich uns selbst fremd machen, das Leben aushöhlen, und auch zu körperlichen Beschwerden führen (Kreislauf, Verdauungsbereich, Schlafstörungen, Stoffwechselstörungen ...). Es sind nicht immer die großen Schläge, die uns zu Fall bringen ...

Vom Leiden an der Trennungsangst

Eigentlich ist jede Angst eine Trennungsangst. Denn wenn man die Sprache genauer anwendet, als es gewöhnlich geschieht, könnte man von einer (objektbezogenen) Furcht sprechen und von einer (Existenz-) Angst. Letztere kennt keinen genauen Grund und kann nichts angeben, „wovor" sie sich fürchtet. Denn sie ist mit unserer Existenz mitgegeben. Wir haben Angst, weil wir seit unserer Verstoßung aus dem Mutterleib „ausgesetzt" sind, weil die Umarmungen rar sind, weil sich selten Heimat finden läßt, weil

uns Liebe so wenig gelingt. (In meinem früheren Buch „Zuwendung“ ist dieser Sachverhalt ausführlicher beschrieben, als es hier sinnvoll ist.)
Diese Trennungsangst hat ihren Grund nicht nur darin, daß uns echte Einheit (mit uns selbst, in der Liebe, mit der Natur, in der Kunst, vielleicht mit Gott) so selten glückt, sondern auch darin, daß die letzte Trennung – der Tod – wie ein dunkles Tier in uns hockt und sich von Tag zu Tag ausbreitet, sodaß wir dem Tod entgegensterben, auch wenn wir noch zu leben meinen. So gesehen war es recht, wenn in alten Gebeten vom „Absterben“ die Rede war.
Doch auch so verläßt uns die Getrenntheit nie. Wir, die wir uns so sehr nach Einheit sehnen, finden sie nur für Minuten. Und dann wieder lange nicht. Wir, die wir uns so gern umarmen lassen, von Menschen, von der Natur, von unserer Kleidung, unseren Wohn- und Schlafhöhlen, wir bleiben auch in der seligsten Umarmung bestenfalls getröstet für kurze Zeit. Es ist schön, mit einem geliebten Menschen seine Einsamkeit zu teilen. Ganz aufheben werden wir sie nie. Und sterben werden wir allein. Verständlich, daß die Christen (und andere) hoffen, in einer späteren Umarmung doch noch diese Getrenntheit

überwinden zu können. Und wo anders, wenn nicht „in den Armen eines liebenden Gottes“?
Mit der Einsamkeit hat es seine eigene Bewandtnis. Denn ein-sam sind wir alle. Und der Wunsch, mit „einem“ anderen, also zu zweit, „eins“ zu werden und so die „Andersheit“, die Getrenntheit, aufzuheben, erfordert ein Wunder. Ein Glück, daß dieses Wunder gelegentlich passiert. Wir nennen dieses „Heraustreten“ „Ekstase“ (– was es auch heißt –) und „wundern“ uns. Gläubige Menschen sind für solche Wunder dankbar und sehen in ihnen einen „Vorgeschmack künftiger Seligkeit“. (So, etwas gestelzt, in offiziellen Gebeten zu lesen. Die diskrete Erotik solcher Gebete erfreut den Eingeweihten.)
Charakteristisch für die Einsamkeit ist wohl auch, daß sie nur schön ist, wenn man uns nicht dazu zwingt. Die Psychologen sagen uns, daß nur solche partnerschaftsfähig seien, die auch mit dem Alleine-Leben gut zurechtkämen, und umgekehrt. Dieser Sachverhalt führt dazu, daß sich die Verheirateten oft nach dem Alleinsein sehnen, und die Singles nach einem Partner. Und außerdem sitzt in uns ein Wanderer und singt: „Dort wo Du nicht bist, dort ist das Glück.“ (Weil in der

einen Erfüllung bereits die nächste Sehnsucht erwacht.)

Unfreiwillige Einsamkeit, vielleicht mit Depressionen ärgerer Art verbunden, können zum schlimmsten Leid gehören, das Menschen ertragen müssen. Und keineswegs immer ertragen können. Zwar sind manche Partnerschaften und Ehen nur eine Flucht vor der unerträglichen Einsamkeit, und als solche weniger Ausdruck freier Liebe als eine Art gegenseitiger Lebensrettung. Doch wer hat das Recht, das zu verurteilen?

In einem früheren Kapitel war davon die Rede, daß unser Leben Sinn findet, wenn wir es für Ideen und Menschen verbrauchen. Wer das übergroße Maß an Trennungsangst, an Einsamkeit (ganz besonders in den großen Städten) zu mildern vermag, kann sich über Sinnlosigkeit sicher nicht beklagen. Er wird damit nicht nur fremde, sondern auch die eigene Einsamkeit bekämpft haben.

Vom Leiden an der Sinnlosigkeit

Seit die Tiefenpsychologie herausgefunden hat, daß der Mensch zum seelisch und körperlich gesunden Leben nicht nur Essen, Trinken, Vitamine, Kleidung, Wohnung und ein bißchen Sex braucht, sondern auch und vor allem einen Lebenssinn (Viktor Frankl), wird vielerorts von der „existenziellen Frustration" gesprochen, von Sinnlosigkeitsgefühlen und von der „Logotherapie" (Heilung durch Sinnfindung). Diese wichtigen Überlegungen wurden sehr schnell von den Kirchen vereinnahmt – denn nun hatte man ja den Glauben als treffliche Sinngebung anzubieten. (Man mußte ja auch nicht lange warten, bis der eher lächerliche Buchtitel „Christotherapie" doch tatsächlich zu lesen war. Ich warte nur noch darauf, daß die Seelenverkäufer demnächst Jesus in Dosen anbieten.) Dabei hieß doch ein wesentlicher Grundsatz der psychologischen Überlegungen zum Lebenssinn: Sinn kann nicht gegeben, Sinn muß gefunden werden.

Die Religionssoziologen haben uns da eine wichtige Beobachtung mitgeteilt: In den früheren, homogenen Gesellschaften (etwa des

Mittelalters) gab es ein einheitliches Sinnangebot. Eben bei uns ein christliches. Das wurde, teils aus Überzeugung, teils aus Anpassung, teils mangels einer Alternative angenommen und diente zur Stabilisierung des seelischen, aber auch des sozialen und wirtschaftlichen Gleichgewichts. Erst das reiche Angebot an Sinndeutungen, aber auch an Ideologien und an Aberglauben, bringt den Menschen in die Situation, wählen zu sollen. Aber auch – nicht wählen zu können, oder auf Schwindelangebote hereinzufallen. Das reiche Angebot an mythischen Weissagungen, astrologischen und parapsychologischen Ladenhütern, an pseudoreligiösem und sektiererischem Gedankenmüll findet neuerdings auffallend viele Käufer. (Das Wort Gedanken„gut" wollte ich ehrlicherweise vermeiden.) Wie so oft hat der Überfluß die wirkliche Erfüllung schwerer gemacht. Wie man sieht, ist auch hier die Freiheit schwieriger und risikoreicher als die Unfreiheit.

An dieser Stelle ist von einer großen Versuchung zu reden: Weil die Freiheit mühsamer ist als die Unfreiheit, rufen viele wieder nach der Unfreiheit. Weil die Menschen in Notzeiten mehr gebetet haben, sagen manche: „Es geht uns viel zu gut." Weil die Kirche in Zeiten einer straffen und intoleranten Kirchenführung mit machtvoller Einheit auftreten konnte, wünschen sich manche Christen wieder ein starkes Durchgreifen der Kirchenleitungen. Und weil junge Menschen heute Institutionen gegenüber skeptischer sind als früher und sich ungern fest engagieren, sagen manche: „Man muß die Jugend wieder fordern." Überzeugen muß man sie. Dann kann man auch etwas fordern. Doch die Naivität der zitierten Vereinfachungen kann ich eben nicht teilen.

Kehren wir zurück zum Sinnlosigkeitsgefühl. Wenn ich das Leben und den Beruf so vieler Menschen bedenke, dann meine ich manchmal, ihr Gefühl ist schon recht. Einem Menschen, der wegen eines sinnlosen (oder sinnarmen) Lebens Sinnlosigkeitsgefühle hat, diese auszureden, ist ein grober Schwindel. Ich muß ihm helfen, sein Leben so zu ändern, daß die Gefühle sich ändern. Können wir das? Wie sinnvoll ist unser eigenes Leben?

Weil ich Ihnen, liebe Leserin, lieber Leser, ja nicht auch noch Sinnlosigkeit einreden will, wo Sie gar keine spüren – eine letzte Bemerkung: Sinn ist das, woran man glaubt. Und da gibt es insgesamt nur vier Möglichkeiten. Ich glaube an mich selbst – an Menschen – an Ideen – an Gott. Und ein sinnvolles Le-

ben hat seinen Sinn auf mehreren oder allen Ebenen. Auch wenn manche Menschen die Ideen, für die sie sich einsetzen, nicht recht benennen könnten. Auch wenn nicht jedem bewußt ist, ob und wie sehr er an sich selbst glaubt.
Der Irrtum mancher religiöser Menschen besteht darin, daß sie meinen, man müsse sich für Gott statt für die Menschen einsetzen. Oder sein Leben statt für sich, für Gott oder die Menschen verbrauchen. Christ sein heißt, daß man seinen Glauben an Gott beweist, indem man sich für die Menschen einsetzt.

Vom Leiden an der Sprachlosigkeit

Es wird viel zu wenig bedacht, daß Menschen über Menschen nicht nur mit Gesetzen, mit Waffen, mit Polizisten oder ganzen Armeen herrschen können, sondern auch mit der Sprache. Das beginnt schon damit, daß die Wahl zwischen Reden und Schweigen von höchstem Einfluß sein kann. Denken Sie nur

an ein Ehepaar: Ein Partner verweigert dem anderen für ein paar Tage die Sprache. Es soll schon Paare gegeben haben, die jahrelang nur schriftlich oder gar nicht miteinander verkehrt haben. Oder alltäglicher: ein Vorgesetzter, der einen Untergebenen keiner Antwort würdigt. Schweigen kann sowohl beglückende Übereinstimmung als auch schärfste Ablehnung bedeuten.
Einen Menschen zu zwingen, eine Sprache zu verwenden, die ihm wenig geläufig ist, hat schon bei den immer wieder aufkommenden Sprachgruppenstreitigkeiten mit Minderheiten innerhalb eines Staatswesens als Herrschaftsmittel gedient. Denn vor Gericht in einer weniger bekannten Sprache sprechen zu müssen, kann schwere Nachteile bringen. Obwohl das so leicht einzusehen ist, wird in einem ähnlich gelagerten Fall immer wieder Sprache als Unterdrückungsmittel verwendet: Dort nämlich, wo Sprache zum Erkennungszeichen und zur Einlaßbedingung in eine bestimmte Schicht wird. Wenn Akademiker in ihrer gewählten Sprache miteinander verkehren, verstummen gewöhnlich solche, die da sprachlich nicht mithalten können. Man kann so leicht mit ein paar Fremdwörtern oder ein paar kompliziert gebauten Sätzen zu verstehen geben: Schau, da kannst Du nicht mitre-

den. Sei bloß still! Ähnliche Beispiele lassen sich leicht erfinden.

In einer Gruppensprache zu reden, die andere nicht verstehen, kann auch unbeabsichtigt passieren. Aus Gedankenlosigkeit, weil es einem noch nie aufgefallen ist, weil es einem keiner sagt. Viele Lehrer sprechen ihre Fachsprache, ohne zu bedenken, daß Schüler dieser Sprache wenig mächtig sind – und außerdem mehrere Lehrer mit mehreren Sprachen haben.

So sehr eine gut ausgebildete Fachsprache dienlich sein kann, um unter Fachleuten schnell und präzise Informationen auszutauschen – so sehr muß aber auch bedacht werden, wem man sie ohne Demütigung oder Zurücksetzung nicht zumuten kann. (Für Fachleute ist die Sprache sozusagen das sprachliche „Handwerkszeug". Wie das Skalpell für den Chirurgen. Zum Zerlegen des mittäglichen Brathuhnes taugt es nicht.)

Ein besonderer Fall ist die Sprache der Pfarrer und Prediger. Oder die der Verfasser von Hirten- und ähnlichen Briefen. Ich habe vor wenigen Jahren erlebt, wie ein Wiener Kabarettist sein Publikum an die zwanzig Minuten mit der unkommentierten Lektüre eines offiziell approbierten Religionsbuches unterhalten hat. Wenn wir immer wieder behaupten, die Grundsätze unserer Religion wären auch einem einfachen Menschen verständlich – warum sagen wir sie dann nicht in seiner Sprache?

Abgesehen von komplizierten hochwissenschaftlichen Sachverhalten, sind wahrscheinlich die wirklich wichtigen Dinge unseres Lebens mit einfachen Worten erklärbar. Wenn nicht, dann haben wir uns zuwenig bemüht.

Eine Weise der Sprachlosigkeit schafft besonders viel Leid: Die Unfähigkeit, seine Gefühle auszudrücken. Zum Teil ein Sprachproblem, weil vielen Menschen die Ausdrucksmöglichkeiten fehlen – zum Teil ein Rollenproblem, wenn es etwa die Mannrolle verbietet, „sich gehenzulassen".

Die Sprache ist ein System von akustischen Zeichen, mit dem die Menschen miteinander in Verbindung treten – so knapp sei es hier gesagt. Wir sollten diese Möglichkeit nützen, nicht um übereinander zu herrschen, einander zu demütigen, einander zu verletzen – sondern um einander näher zu kommen, einander zärtlich und tröstlich beizustehen.

Vom Leiden an der Knechtschaft

Ich habe für diesen Abschnitt das etwas altmodisch klingende Wort „Knecht“ gewählt, weil es kräftig ist und hoffentlich den Verschleierungsversuchen widersteht, mit denen wir so gern bemänteln, daß wir es doch lieber mit den Herren halten als mit den Knechten. Ich weiß schon, daß es Dienstleistungsberufe gibt, daß es höhere und geringere Verantwortungen gibt, daß es auch notwendig ist, daß einer einem anderen einmal eine Anweisung, ja sogar einen Befehl erteilt.

Aber unter Christen sei keiner des anderen Knecht. Außer Gottes – doch der hat uns zu Brüdern gemacht. „Ich nenne euch nicht mehr Knechte, sondern Freunde.“ Und das hat einer gesagt, mit dem doch eigentlich alle Knechtschaft zu Ende hätte gehen müssen.

Die Problematik „Herr und Knecht“ ist eines der Hauptthemen des Neuen Testamentes. Das Wort „Hierarchie“ bedeutet „Heilige Herrschaft“. Mir hat bis heute niemand klar machen können, was an einer Herrschaft für einen Christen heilig sein kann. Denn um die allein heilige Herrschaft Gottes geht es dabei ja nicht. Mir ist auch überhaupt nicht klarzumachen, warum die Organisationsform der katholischen Kirche eine Art Mischung aus Monarchie und Diktatur sein muß.

Doch nun zu alltäglicheren Formen der Knechtschaft: Eine subtile Art, in der wir einander, auch wechselweise, „knechten“, besteht in der Art, wie wir einander allzu oft, auch in Kleinigkeiten, demütigen. Ein Witz auf Kosten anderer bedeutet doch: Ich hole mir Beifall, indem über einen anderen gelacht wird. Anders gesagt: Ich erhöhe mich, indem ich dich erniedrige.

Bleiben wir noch bei diesem (natürlich etwas aufgebauschten) Beispiel. Menschen, die sich auf Kosten anderer erhöhen, haben es nötig. Genaugenommen ist es nur ein Zeichen meiner Dürftigkeit, wenn ich die Erniedrigung eines anderen brauche, um selbst gut dazustehen. In diesem Fall ist nicht nur der Erniedrigte (Knecht) zu bedauern, sondern auch der Erhöhte (Herr). (Wer da biblische Anklänge hört, hört schon richtig.)

Ein guter Test für die innere Stärke eines Menschen ist es, ob er solche Demütigung andrer braucht oder nicht. Und ob er über sich selbst lachen kann. Dies nicht zu können, ist ein Zeichen innerer Schwäche.

Ich weiß, daß ich hier eine alltägliche Kleinigkeit zum Modell erhoben habe. (Und ich weiß natürlich, daß meine Freunde auch mich bei solchen Fehlern ertappen können.) Doch das Modell ist brauchbar. Auch für größere Maßstäbe. Etwa eine Diskussion: Wer sich seiner und seiner Meinung sicher sein kann, braucht nur höflich seine Argumente zu sagen. Wer aggressiv wird, andere herabsetzt, andere verhöhnt – hat es offensichtlich nötig. (Man studiere nach solchen Gesichtspunkten einmal in Ruhe schriftliche Diskussionen, beispielsweise Leserbriefe. Sie verraten mehr über die Briefschreiber, als diese ahnen.)

Ich habe oben gesagt, daß nicht nur der Knecht leidet, sondern auch der Herr. Natürlich scheint nach außen der Knecht der eigentlich Leidtragende. Und ist es wohl auch. Doch die inneren Zwänge und Störungen, die einen Menschen herrsch„süchtig" machen, die ihn antreiben, andere zu demütigen und zu verletzen – die sind sein Leiden. Ihre Weise, mit Leid umzugehen, besteht darin, anderen möglichst viel davon zuzufügen. Doch auch das macht sie nicht glücklich. Sie bleiben Getriebene. Sie jagen hinter ihrer Karriere und Machtposition her, ohne zu merken, daß sie nur versklavte Sklaventreiber sind. Vor die Wahl gestellt, es mit den Sklaventreibern oder deren Opfer zu halten, wußte Jesus, wo er hingehört.

Vom Leiden an der Geschlechterrolle

Sie könnten nun meinen, lieber Leser – und vor allem Sie, liebe Leserin –, dieses Thema wäre mit der Rede von Herr und Knecht schon behandelt worden. Denn die Frauenrolle sei mit der Knechtschaft mitgemeint. Die Frau als „Magd des Herrn“ sei aus vielen Herr-lichen Jahrhunderten eingeübt, anerzogen und eingeprügelt. Und zweifellos meinen noch immer viele Zeitgenossen mit der Frauenrolle zuerst die der Magd, der Amme, der (Gebär-)Mutter, der (Be-)Dienerin, der kaffeekochenden Sekretärin, der Kinder-, Schul- und Krankenschwester, der treuen Seele für Kinder, Küche und Kirche.
In einem zweiten Schritt nach dem Protest gegen solche Sachverhalte hat jedoch auch die Frauenbewegung gesehen, daß Knechtschaft (– sogar das Wort ist männlich gedacht –) nicht nur den oder die Geknechteten leiden macht, sondern Ausdruck einer mißlungenen Menschlichkeit des Herrschsüchtigen ist. Der Familienpatriarch hat es wohl bequemer als die untertänige Frau – doch er ist nicht unbedingt glücklicher. Der Pascha hat es leichter, doch nicht eigentlich

besser. Die Herrschsucht ist eine tatsächliche „Sucht“: Sie knechtet den Knechtenden, sie beherrscht den Herrschenden, sie erniedrigt den, der zu erniedrigen meint.
Es spricht für die Frauenbewegung, daß sie die Herrschaftsverhältnisse zwischen Mann und Frau nicht umkehren, sondern beseitigen will. Also nicht Matriarchat statt Patriarchat, sondern eine neue Form der partnerschaftlichen Beziehungen von Frau und Mann. (Manche vermuten, daß es vor dem Patriarchat schon einmal eine derartige Gesellschafts- und Lebensform gegeben habe.) Mir scheint allmählich eine Zeit zu kommen, in der nach Jahrhunderten unfreiwilligen Lernens der Frauen von den Männern endlich eine freiwillige Lernphase der Männer von den Frauen beginnt. Und es gibt sicher einiges, was wir Männer in der langen Zeit unserer Herr-schaft – leider – verlernt haben.
Viele Männer haben – wie auch ich – in den letzten Jahren von den Frauen und der Frauenbewegung gelernt: eine andere Art zu leben, zu erleben, Gefühle zuzulassen und auszudrücken; eine andere Art zu lieben, weniger besitzergreifend vielleicht, eher freigebend als festhaltend; eine andere Art, mit unserem Körper umzugehen, uns an unserer Sinnlichkeit zu freuen. Phantasie wieder

hochzuschätzen; eine andere Art, mit der Schöpfung umzugehen, mit Erde, Natur und den Vorräten unserer Welt; eine andere Art, Konflikte auszutragen, über Politik und den Weltfrieden zu denken.

So haben wir von der Frauenbewegung und der feministischen Theologie auch noch eine andere Art zu glauben gelernt: Nicht so sehr in der männlichen Art, den Glauben in Formeln festzuschreiben, sondern in Prozessen zu erfahren; weniger Dogmen von oben, sondern Erfahrungen von unten wichtigzunehmen; weniger in männlichen Hierarchien, in männlichen Gottesbildern, in männlichen Gottesdienstformen verhaftet zu bleiben. All dies ist erst im Werden. Die alte Männerkirche beruft sich weiterhin auf den Mann Jesus und verwehrt sogar den Mädchen das Ministrieren. Verständlich, daß die Geduld vieler engagierter Christinnen verbraucht scheint. Ein Auszug denkender und bewußter Frauen aus den Kirchen zeichnet sich ab.

Sofern einem Mann das zusteht, bitte ich Sie – die vielleicht auszugsbereite Frau: Lassen Sie sich aus dieser Männerkirche nicht vertreiben! Denn dann haben die restlichen Frauen in ihr noch weniger Chancen. Bleiben Sie hartnäckig da, bleiben Sie in Ihrer (– es ist Ihre wie meine! –) Kirche „sitzen“. Tun

Sie uns diesen (symbolischen) Sitzstreik an und bestehen Sie auf Ihrem Heimatrecht! Bedenken Sie, wie tief verwurzeltes „Geschlechtsleid“ aus Generationen von Kirchenmännern wirksam sein muß, um sich noch heute derart auszuwirken. Auch hier gilt: Die herrschende Männerkirche ist letztlich nicht glücklicher als die diskriminiert-untertänige Frauenkirche. Mir wäre eine „leidende Kirche“ nicht unsympathisch, wenn sie ihr Leiden erkennen, annehmen oder bekämpfen wollte.

Vom Leiden an der Heimatlosigkeit

Meine eben ausgesprochene Forderung, sich das Heimatrecht nicht nehmen zu lassen, gilt für viele Heimaten, aus denen wir uns manchmal zu schnell vertreiben lassen. Auch für Gesinnungsgemeinschaften, Vereine und Parteien. Denn Heimat ist nicht nur etwas, das man vorfindet – oder verläßt, wenn es nicht so ist, wie man gern hätte. Heimat kann auch etwas sein, das man gestaltet, verändert.

Wir lassen uns unsere Städte verplanen, fühlen uns dann in ihnen heimatlos und flüchten aufs Land. Wir lassen uns die Dörfer zerstören, fühlen uns heimatlos und flüchten in die Städte. Und beim Stichwort „Verteidigung der Heimat" fällt uns gerade noch das Bundesheer ein. Doch vielleicht sollten wir unsere Heimat gegen jene verteidigen, die sie zu einem Wirtschaftswunderland, zu einem Verkehrswunderland, zu einem Konsumwunderland oder einem Sozialwunderland umbauen wollen. Notfalls sollten wir unsere Heimat gegen uns selbst verteidigen.

Doch es gibt auch andere als geographische Heimat: eine bestimmte Atmosphäre; eine Art zu leben, zu denken, zu empfinden; einen Lebensstil, eine Sprache, eine Kultur, einen Glauben. All das kann Heimat bilden. Und im Zerfall all dieser Dinge fühlen wir uns heimatlos. Das Leiden an der Heimatlosigkeit scheint mir eines der schlimmsten Leiden unserer Welt.

Sicher ist es wichtig zu bedenken, daß Heimatlosigkeit eine Grundbedingung menschlichen Lebens ist. Wir sind nur vorübergehend Bewohner dieses Planeten. Wir sind nur Mieter, Hotelgäste, Durchreisende auf dieser Erde. Was wir besitzen, gehört nicht uns. Es ist uns nur geliehen. Beim Sterben fällt der Kontostand auf Null – beim Reichsten wie beim größten Schuldner. Es könnte sein, daß künftige Generationen uns noch in Jahrhunderten fluchen, weil wir die Schätze dieser Erde bedenkenlos geplündert und verschwendet haben. Vielleicht wird aus uns eine Generation von Kindermördern, die mit dem eigenen Leben das aller künftigen Generationen in den Atomtod wirft. Es ist uns in all den Jahrtausenden noch wenig gelungen, diese Erde zu einer guten Heimat zu machen. Fast scheint es so, als würden wir vor lauter Gier nach künstlichen Paradiesen uns selbst aus dem naturgegebenen Paradies vertreiben wollen.

Die Sehnsucht nach verlorener Heimat wird oft belächelt: als Nostalgie, als Heimweh nach der Kindheit, als Weltschmerz über die verlorene Zeit, als Wunsch nach einer heilen Welt, als paradiesische Wunschprojektion, als illusionäre Realitätsflucht, als Seelenidylle und als Träumerei. Doch ist unser so vielgeschmähtes Harmoniebedürfnis ein wirkliches Bedürfnis: Wir halten die Dissonanz auf die Dauer eben nicht aus. Ungelöste Konflikte machen uns krank. Leid kann töten.

Ein jeder Mensch braucht Heimat. Auch wenn er weiß, daß er nur Gast auf Erden ist. Oder vielleicht eben deshalb. Doch Heimat ist nicht so sehr eine vertraute Landschaft, ein geographischer Ort, sondern die damit verbundene Atmosphäre, die Gefühle, die Erinnerungen, die kindlichen Prägungen, die Gebräuche, die Kultur, die Menschen.
Vor allem die Menschen. Sie können mir den widrigsten Ort zur Heimat machen – sie können mir den liebsten Ort vermiesen. Die tiefste Bedeutung von Heimat liegt in ihren Menschen, in deren Zuwendung, deren Treue, deren Zärtlichkeit. Die zärtliche Hand dessen, der einem Sterbenden beisteht, kann sogar im schmerzlichen Abschied diese Welt noch ein letztes Mal zur Heimat machen.
Letztlich geht es darum, daß uns Menschen zur Heimat werden. Und wem es gelingt, einem anderen Heimatgefühl zu geben, der bewältigt auch für sich jenen tiefsitzenden Schmerz, der auf eine andere, letzte Beheimatung verweist.

Zärtlichkeit und Zorn

Ein seltsames Begriffspaar, mögen Sie denken, lieber Leser! Was hat Zärtlichkeit mit Zorn zu tun? Ich hätte gute Lust, an dieser Stelle den Zorn als christliche Tugend zu verteidigen – oder ihm wenigstens den Ruf des Lasters zu nehmen. Wahrscheinlich verwechseln wir allzu leichtfertig Zorn mit Haß oder mit Aggression, oder mit Bosheit. Für mich ist Zorn zuerst einmal eine – möglicherweise gerechte – Empörung. Eine Empörung, die ich nicht so schnell besänftigen will. Eine Empörung, die ja auch eine gute Triebfeder sein kann im Kampf gegen das Unrecht. Oder im Einsatz für den Unterdrückten, oder auch nur für mein eigenes Recht.

An dieser Stelle wage ich das Geständnis, daß mich seit meiner Kindheit eine Bibelstelle in geradezu sündhafter Weise fasziniert: die Erzählung vom zornigen Jesus, der die Händler aus dem Tempel trieb. Da der Zorn das Hauptlaster meiner Kindheit war (vielleicht in Unkenntnis anderer attraktiver Laster), ungezählte Male gebeichtet und bereut, mit Wasser im Mund bis zu dessen Erwärmung wartend bekämpft, und erst in reiferem Alter durch Selbsterfahrung und Gruppendynamik gezähmt, da ich also dem kindlichen Laster des Zornes frönte, war mir ein zorniger Jesus durchaus willkommen. Theologische Probleme mit einem lasterhaften Jesus stellten sich mir damals noch nicht. Und da ich keine Stricke zu Geißeln zu flechten pflegte, keine Tische umwarf und auch keinen schnöden Mammon zu verstreuen beliebte, blieb mir dank des zornigen Jesus vielleicht ein gröberes Trauma erspart. Die Schuldgefühle hielten sich jedenfalls in Grenzen.

Und wenn wir schon bei Kindheitsgeständnissen sind, sei auch eine zweite Stelle genannt, die mein Kindheitsgemüt bewegte: die Erzählung vom weinenden Jesus, der seinen verstorbenen Freund Lazarus betrauerte. Freilich, die theologischen Probleme waren sogar für ein Kind mit Händen zu greifen. Warum läßt der allmächtige Jesus den Lazarus zuerst sterben, wenn er ihn dann ohnehin wieder auferweckt? Warum weint der allwissende Jesus über seinen toten Freund, der doch gleich wieder leben wird? Und vor allem: Wenn man schon so mächtig ist, daß man Tote auferwecken kann, kann man sie dann nicht auch noch daran hindern zu stinken? Doch all diese ungelösten Fragen hinderten mich nicht, es schön zu finden, daß Jesus da weinte. Über einen toten Freund. Er muß ihn recht gern gehabt haben, den Lazarus, dachte ich mir. Auch wenn er gerade nicht gut gerochen hat. Das ist wohl so, wenn man jemand liebt. Dann darf er ruhig einmal stinken . . .

Liebe Leserin, lieber Leser! Das möchte ich Ihnen gern mitgeben in diesem Büchlein: daß uns das Leid schon auch klagend machen darf, daß es uns auch zornig machen darf – doch daß uns über Klage, Anklage und Zorn nicht der Trost und die Zärtlichkeit abhanden kommen sollen.

Ausnahmsweise, weil mir dieses Kapitel besonders wichtig ist, zwei Texte aus meinem Tagebuch, kürzlich auf einer Vortragsreise in Kärnten notiert:

Nach Lektüre bei Dorothee Sölle:

Ich will zulassen,
daß Leid
mich beleidigt,
daß Schuld

mich beschuldigt
und daß Trauer
mich trauern macht.

Inmitten
all der Diplomatie,
jede Ausgewogenheit
mißachtend
und ohne jegliche
Klugheit:
nehme ich Stellung,
ergreife ich Partei
und halte ich wach
meinen Zorn.

Vom Lächeln der Weinenden

Es ist spät geworden, lieber Leser, und ich bin beim letzten Kapitel angelangt. Auf den ersten Seiten habe ich damit begonnen, daß ich mir Sie vorstellte. Daß ich darüber nachdachte, was einen Leser gerade nach diesem Büchlein greifen ließ. Nun, nach einigen Tagen und manchen Nachtstunden ist zwar das Farbband meiner Schreibmaschine schon recht abgenützt, aber ich weiß noch immer nicht mehr von Ihnen. Sie hingegen – wenn Sie einmal bis hierher gelesen haben werden – werden ein wenig mehr über mich wissen. Schlimm?

Ganz am Anfang habe ich Ihnen von meiner alten Frage erzählt: Gibt es einen Trost? Natürlich weiß ich zu dieser Frage heute mehr als vor fünfzehn Jahren am Bett jenes todkranken jungen Mannes. Und von der Denk- und Seelenarbeit seither habe ich Ihnen in diesem Büchlein erzählt. Vom Leiden und Mitleiden, von der Klage und Anklage, von Trost und Treue, von Zärtlichkeit und Zorn, vom Liebes-Leid, ja sogar vom Liebes-Tod. Und davon, daß jener Jesus, dessen Tod nach Meinung der Christen solch ein Liebes-Tod war, diesen Tod überliebte, damit auch wir „vom Tod zum Leben kommen, weil wir lieben“ (wie Johannes schreibt).

Wenn Sie mich nun ein letztes Mal fragen, ob es wirklichen Trost gibt, ob nicht alle Worte und Gesten letztlich nur Ersatzhandlungen sind für einen Trost, den es nicht gibt – dann sollen Sie wissen, daß ich gern anstelle einer Antwort auf diese Frage die folgende Begebenheit aus dem Roman „Hiob“ von Joseph Roth erzähle: Ähnlich der Geschichte vom biblischen Ijob hat Mendel Singer Besitz, Glück und Familie durch Schicksalsschläge verloren. Er, der bisher gläubige Jude, hadert mit Gott in seinem Schmerz und will Gebetbuch und Gebetsschal verbrennen. Der Lärm schreckt seine Freunde auf, sie kommen herein und versuchen (nach dem biblischen Vorbild), ihm allerlei Vermutungen über die Gründe Gottes für solche Schicksalsschläge vorzulegen. Doch als alle Deutungen und Vermutungen verbraucht sind, bleiben sie schweigend bei ihm sitzen.

Sie bleiben schweigend bei ihm sitzen. Das ist Trost.

Trost ist Anwesenheit. Trost ist Zuwendung. Trost ist Mitleiden – so gut es eben geht. Sich vom Leid des anderen be-leidigen lassen. Fremdes Leid zum eigenen Leid machen

– so gut es eben geht. Vor allem: Anwesenheit.
Ich sah einmal ein Photo aus einer englischen Sterbeklinik. Ein Mann besuchte täglich dort seine sterbenskranke Frau – nach Büroschluß saß er stundenlang am Bett. Und das Photo zeigte ihn, zeitunglesend, in der Rechten die Zeitung, in der Linken die Hand seiner Frau. Beim ersten Hinschauen war ich etwas verwirrt. Was soll das heißen: Zeitunglesen? Beim zweiten Blick verstand ich. Trost ist Anwesenheit.
Es war in diesem Buch oft von Zärtlichkeit die Rede. Jene Zärtlichkeit, von der Heinrich Böll meinte, die Christen möchten doch einmal eine Theologie der Zärtlichkeit entwikkeln. Und er meinte damit sicher nicht den oberflächlichen Sinn der „Zärtlichkeiten" (in der Mehrzahl). Obwohl auch diese teilhaben am tiefsten Sinn jeder Zärtlichkeit, Trost zu zeigen in einer allzu trostbedürftigen und allzu trostlosen Welt. Die Christen, die an einen „Gott allen Trostes" glauben, finden im Römerbrief ein geradezu vermessenes Versprechen: „Ich bin überzeugt, daß die Leiden der gegenwärtigen Zeit nichts bedeuten im Vergleich zu der Herrlichkeit, die an uns offenbar werden soll." Es ist die Vision der getrockneten Tränen des Sehers Johan-

nes aus der Offenbarung. Eine Vision, für die das Lächeln der Weinenden hier auf Erden nur eine schmale Verheißung ist. Eine Vision eines zärtlichen Gottes. Es wäre den Christen zu wünschen, daß sie recht behalten.
Diego Hanns Goetz erzählt von einem altägyptischen Grabstein mit der Inschrift: „Ich bemühte mich, das Lächeln der Weinenden zu sein.“ Diesen Satz wollte ich Ihnen zum Abschied noch mitgeben.
Was meint das Lächeln eines Weinenden? Es könnte meinen, daß wohl der Schmerz stark, aber die Hoffnung nicht verbraucht ist. Daß das Leid mächtig, aber nicht übermächtig ist. Daß der Trost schwer, aber nicht unmöglich ist. Wer einmal das Lächeln eines Weinenden gesehen hat, der weiß: Es gibt einen Trost.
Lassen Sie mich, liebe Leser, zum Abschluß noch über ein Wort nachdenken, daß bisher keine Rolle in unseren Überlegungen spielte. Ich meine den Humor. Und ich meine damit nicht das laut herauspolternde Lachen nach einem starken Witz, auch nicht die verletzte Ironie, den abweisenden Sarkasmus oder den verletzenden Zynismus – ich meine damit jenen stillen Humor, der mich daran erinnert, daß es in dieser leidenden Welt doch auch noch Raum für ein stilles Lächeln gibt. Die alte Weisheit, der Humor bestünde darin,

„trotzdem“ zu lachen, meint doch letztlich, daß es uns gelingen sollte, gegen das Leid, gegen die Trauer, gegen die Schuld, ja gegen die drohende Verzweiflung „trotzig anzulachen“. „Trotzdem zu lächeln“ – das ist das „Lächeln der Weinenden“. Ich sehe darin eine vergessene christliche Tugend, mit dem Humor dem Leid zu „trotzen“. (Die Christen früherer Jahrhunderte kannten den „risus paschalis“, das österliche Lachen, mit dem die Auferstehungshoffnung gegen den Tod anlächelt. „Tod, wo ist dein Stachel? Hölle, wo ist dein Sieg?“)
Auch Humor ist Trost. Nicht, daß man mit humorigen Sprüchen einen Menschen trösten sollte. Sondern umgekehrt: Wer die „Leiden der gegenwärtigen Zeit“ (Paulus) für gering erachtet angesichts der Hoffnung auf „göttlichen Trost“ (Meister Eckehart), der findet darin jenen Trost, der ihn unter Tränen lächeln läßt – den Humor.
Diesen Humor, das „Lächeln der Weinenden“, möchte ich Ihnen, liebe Leserin und lieber Leser, aufrichtig wünschen.
In der Hoffnung, daß dieser Trost Ihnen und mir gelingt, werde ich mich jetzt von Ihnen verabschieden.
Es ist nun so spät geworden, daß sich schon der Tag ankündigt. Der Morgen, der aus je-

der Nacht wachsen wird, solange wir Hoffnung haben.

Göttlesbrunn
am 4. Feber 1982

Peter Paul Kaspar

Literaturhinweise

Anstelle einer langen unkommentierten Literaturliste (die vermutlich kaum jemand wirklich dient) gebe ich einige thematische Empfehlungen:

Zur „Krankheit, nicht leiden zu können“:
Horst Eberhard Richter, „Der Gotteskomplex“, Rowohlt 1979

Zum Thema „Leiden“, das beste mir bekannte Buch:
Dorothee Sölle, „Leiden“, Kreuz-Verlag 1973

Aus der Deutschen Mystik (etwa 1310):
Meister Eckehart, „Das Buch der göttlichen Tröstung“ in: „Deutsche Predigten und Traktate“, Diogenes 1979

Ein Traktat aus unserem Jahrhundert (1942):
Simone Weil, „Die Gottesliebe und das Unglück“ in: „Zeugnis für das Gute“, Walter-Verlag 1976

Zwei schmale Bändchen, theologische Meditationen:
Gisbert Greshake, „Der Preis der Liebe“, Herder 1978;
Hans Küng, „Gott und das Leid“, Benziger 1967

Zum Thema „Zuwendung, Liebe, Partnerschaft“, zwei eigene Bücher:
Peter Paul Kaspar, „Zuwendung“, Herder 1979;
Peter Paul Kaspar, „. . . und hätte die Liebe nicht“, Herder 1982

Zum Thema „Zärtlichkeit“:
Ton Lemaire, „Die Zärtlichkeit“, Patmos 1975;
Dietmar Mieth, „Die Kunst, zärtlich zu sein“, Herder 1982